Birgit Ebbert

Sinnes GESCHICHTEN für Senioren

Mit Aktivierungsideen für die Wahrnehmung

Verlag an der Ruhr

Impressum

Titel
Sinnesgeschichten für Senioren
Mit Aktivierungsideen für die Wahrnehmung

Autorin
Birgit Ebbert

Lektorat
Katia Simon

Titelbildmotiv und Hintergrund im Innenteil
© sumikophoto | Fotolia.com

Umschlagmotiv hinten
Olivenölseife © Hayati Kayhan | Fotolia.com

Icons im Innenteil
© Jimena | Fotolia.com

Druckerei
Media Print Informationstechnologie GmbH, Paderborn, DE

Wichtiger Hinweis:

Die Inhalte im Buch sind von der Autorin mit großer Sorgfalt erarbeitet und ausgewählt worden, stellen jedoch keine therapeutischen Maßnahmen dar. Nehmen Sie dennoch eine genaue Prüfung entsprechend Ihrer Situation vor und wägen verantwortungsvoll ab, welche Übungen Sie mit welchen Personen durchführen. Wenn Unsicherheiten oder bereits bestehende Erkrankungen/Allergien vorliegen, klären Sie die Anwendung mit der Pflegedienstleitung oder dem behandelnden Arzt ab.
Die Autorin und der Verlag übernehmen weder für die Aktualität, Korrektheit und Vollständigkeit der bereitgestellten Inhalte eine Gewähr noch dafür, dass diese für Ihren individuellen Einzelfall geeignet und ausreichend sind. Alle Inhalte dienen ausschließlich der Information, ebenso wie deren Durchführung ausschließlich in eigener Verantwortung des Anwenders erfolgt.

Verlag an der Ruhr
Mülheim an der Ruhr
www.verlagruhr.de

ISBN 978-3-8346-3767-3

Inhaltsverzeichnis

Vorwort

Liebe (Vor-)Leserinnen und Leser,

unsere Sinne sind wichtige Instrumente, die uns helfen, die Welt zu verstehen und Erlebnisse einzuordnen. Über Augen, Ohren, Nase und Haut nehmen wir wahr, was um uns herum geschieht, ob es hell ist oder dunkel, laut oder leise, ob es wohltuend duftet oder unerträglich riecht, ob es regnet oder die Sonne scheint. Die Geschmacksknospen auf der Zunge sorgen dafür, dass wir erkennen, ob etwas angenehm oder unangenehm schmeckt und uns ein Wohlgefühl oder einen Ekel beschert.

Mit den Geschichten in diesem Buch möchte ich bei Ihnen und Ihren Zuhörern die Neugier auf die eigenen Sinne wecken und Sie ermuntern, aufmerksam zu sehen, zu hören, zu riechen, zu schmecken und zu fühlen. Deshalb finden Sie nach jeder Erzählung zusätzlich zu den Gesprächsanregungen auch Spiele, Aufgaben und Aktivierungsideen, mit denen Sie die Sinne Ihrer Zuhörer aktivieren können.

Ich hoffe, Sie haben genauso viel Freude beim Vor- und Selberlesen wie ich beim Schreiben der Geschichten und beim Ausprobieren der Aktivierungsideen.

Herzlichst
Ihre **Birgit Ebbert**

Einführung

Die Sinne sind unsere Tore zur Welt, mit ihnen nehmen wir die Welt ganzheitlich wahr und aus den Eindrücken entstehen Bilder. Wahrnehmung über die Sinne geschieht fast immer unbewusst. Wir denken nicht darüber nach, was wir uns merken, sondern Augen, Ohren, Nase, Zunge und Haut sammeln alles, was sie bekommen können. Vieles davon gelangt in den Erinnerungsspeicher und verbindet sich dort zu einem Gesamtbild der Situation, des Menschen oder des Gegenstandes.
Eben dadurch, dass Wahrnehmung größtenteils unbewusst abläuft, haben wir viel mehr Eindrücke abgespeichert, als wir ahnen. Deshalb kommt es oft zu Situationen, in denen wir sicher sind, wir hätten dies oder jenes schon gesehen oder gehört, oder in denen ein Geschmack oder ein Geruch eine Erinnerung hervorruft.
Diese Erinnerungen sind als Eindrücke abgespeichert, ohne Sprache. Zwar verbinden wir mit Wörtern oft Gerüche oder auch, wie sich etwas anfühlt, aber das hat sich erst nach und nach entwickelt, wenn wir eine Sinneswahrnehmung wiederholt mit etwas Bestimmtem in Verbindung gebracht haben.

Für die Erinnerungsarbeit mit Senioren und Menschen mit Demenz gibt es daher zwei Anknüpfungspunkte: Einerseits lösen Begriffe oder die Geschichten dieses Buches Erinnerungen an Sinneswahrnehmungen aus, die ein Wohlgefühl hervorrufen. Darüber hinaus können die Sinnesanregungen aus den Aktivierungsideen die Gedanken an eigene, verborgene Erlebnisse wecken.
Gerade bei Sinnesreizen kann es immer geschehen, dass diese bei einer Person positive Gefühle wachrufen und bei einer anderen eine Beklemmung erzeugen. Während dem

einen bei Weihrauch zum Beispiel die Erstkommunion in den Sinn kommt, fällt dem anderen ein Begräbnis ein. Hier ist also besondere Wachsamkeit beim Vorlesen erforderlich und die Offenheit, im anschließenden Gespräch auch mit unangenehmen Erinnerungen umzugehen. Je nach Gruppe sollten Sie diese negativen Assoziationen zulassen und nur, wenn sie zu detailreich werden, ein ausführliches Gespräch nach der Lesestunde anbieten.

Die Geschichten sind nach den fünf Sinnen geordnet, sodass Sie gezielt eine Erzählung zu einem bestimmten Sinn auswählen können. Um Ihnen eine schnelle Auswahl zu ermöglichen, sind die Kapitel der Sinnesgeschichten mit Icons gekennzeichnet:

 **Sehen**

 **Riechen**

 **Schmecken**

 **Hören**

 **Fühlen**

Zu jeder Geschichte finden Sie Aktivierungsideen, die jeweils am thematischen Schwerpunkt der Kapitel ausgerichtet sind: So orientieren sich die Ideen im Kapitel „Sehen" an dem Kinderspiel Ich sehe was, was du nicht siehst, im Kapitel „Hören" besteht bei jeder Geschichte die Möglichkeit, die Zuhörer direkt ins Vorlesen einzubeziehen, indem diese zu einem Begriff oder einer Lautmalerei ein Geräusch oder eine Bewegung machen. In den Kapiteln „Riechen" und „Schmecken" bieten sich

natürlich vor allem Geruchs- und Geschmacksproben als Aktivierungsideen an. Bei den Geschichten im Kapitel „Fühlen" liegt nahe, dass die Teilnehmer verschiedene Materialien anfassen, um Erinnerungen zu aktivieren und diese zu schildern.
Neben den Aktivierungsideen finden Sie zu jeder Geschichte Anregungen für ein Gespräch („Lassen Sie erzählen …"). Dabei werden über die Sinne hinaus möglichst unterschiedliche Lebenssituationen der Zuhörer angesprochen, die Erinnerungen anstoßen können. Auf diese Weise sind die Geschichten auch ohne die Ideen, die die Sinne anregen, einsetzbar.

Wichtig ist bei allen Geschichten und Aktivierungsideen in diesem Buch, sich immer zu vergegenwärtigen, wie unterschiedlich Sinneseindrücke je nach Umfeld sind. Wer nicht in Italien aufgewachsen ist, wird niemals automatisch den Geruch von Zitronenhainen assoziieren können, und wer seine Kindheit in der Großstadt verbracht hat, kennt den Geruch frischen Heus meist nicht. Wörter und Sätze sind zumindest innerhalb eines Kulturraumes ähnlich belegt, aber Sinnesreize werden sehr unterschiedlich erinnert. Und da Sinnesreize größtenteils unbewusst aufgenommen und abgespeichert werden, ist die Aktivierung von Sinneserinnerungen immer so etwas wie das Öffnen einer Wundertüte. Stellen Sie sich darauf ein – denn so viel ist klar: In der Wundertüte befinden sich viele spannende und anrührende Erlebnisgeschichten, die den Horizont aller Beteiligten bereichern.

Sehen

Schaufensterbummel

Eingehakt gehen Egon und Beate durch die Stadt.
„Wie schön, dass endlich wieder die Sonne scheint", findet Egon und schaut in den blauen Himmel.
Beate geht nicht auf seine Bemerkung ein. Sie bleibt vor dem Schaufenster eines Juweliers stehen.
„Guck mal, die Ohrringe! Sind die nicht schön?", fragt sie.
Doch Egon ist schon einen Schritt voraus. Beate zieht ihre Hand aus seiner Armbeuge und fasst seinen Arm. „Guck doch mal!"
Unwillig geht Egon einen Schritt zurück.
„Und? Was ist da?"
„Guck doch mal, die Ohrringe, sind die nicht schön?", wiederholt Beate.
„Jaja", antwortet Egon und wendet sich ab. Im Schaufenster des nächsten Geschäftes hat er schöne Feuerzeuge entdeckt. Doch er hat die Rechnung ohne seine Beate gemacht.
„Egon! Du hast gar nicht richtig hingesehen!", schimpft sie und zerrt ihn zurück.
Ergeben stellt sich Egon neben seine Frau.
So geht das jeden Sonntag. Zuerst sitzen sie friedlich im Café bei Kaffee und Kuchen und dann folgt der Schaufensterbummel. Vor allem im März, kurz vor dem Hochzeitstag, bleibt Beate immer vor einem Schmuckgeschäft stehen. Seit bestimmt 45 Jahren, so lange sind sie bald verheiratet.

Ohrringe © LynxVector | fotolia.com

„Welche Ohrringe meinst du denn?", fragt Egon und hofft, dass er bald weitergehen kann.
Doch Beate stutzt. Die Ohrringe, die sie am letzten Sonntag so schön fand, sind nicht mehr im Fenster.
„Siehst du Ohrringe in Gold mit rotem Rubin?" Suchend blickt Beate von einem Ohrringpaar zum nächsten.
„Da sind sie doch!", meint Egon und zeigt auf ein Paar Ohrringe. Hätte Beate ihn angesehen, hätte sie ein leichtes Lächeln in seinen Mundwinkeln entdecken können.
Aber Beate hat nur Augen für die Ohrringe. „Die meine ich nicht. Das sind doch Ohrstecker. So längere, an denen der Rubin baumelt." Sie wirkt fast ein wenig verzweifelt. „Die waren so schön! Und die hätten so gut zu dem Kleid gepasst, dass ich für unseren Hochzeitstag gekauft habe."

Egon schmunzelt. Auch das ist jedes Jahr das Gleiche. Wenn er nicht gleich begreift, dass Beate sich den Schmuck zum Hochzeitstag wünscht, erwähnt sie diesen besonderen Tag. Bisher hat Egon meist widerstanden und seiner Beate statt eines teuren Schmucks einen Strauß Blumen oder eine Schachtel Pralinen mitgebracht. In diesem Jahr allerdings, zum 45. Hochzeitstag, ist er zu dem Juwelier gegangen und hat genau die Ohrringe gekauft, die Beate nun vergebens sucht. Je mehr sie in dem Schaufenster nach den Ohrringen Ausschau hält, umso größer wird seine Freude.

Um seine Frau zu foppen, sagt er: „Ich sehe was, was du nicht siehst, und das ist rot."

Aktivierungen zur Sinnesgeschichte

Lassen Sie erzählen …

- Vor welchen Schaufenstern bleiben Sie am liebsten stehen?
- Mit wem waren Sie früher am liebsten zum Schaufensterbummel unterwegs? Und wie ist das heute?
- Gehen Sie in Gedanken durch Ihre Heimatstadt. Wie waren dort die Schaufenster gestaltet?
- Welches war Ihr schönstes Geschenk zum Hochzeitstag oder zu einem anderen Gedenktag?
- Welches ist Ihr liebstes Schmuckstück? Woher haben Sie es?
- Tragen Sie lieber echten Schmuck oder auch Modeschmuck?
- Wie nennt man den 45. Hochzeitstag? *(Messinghochzeit)*

Katalog-Bummel

Für die Aktivierungsübung benötigen Sie einen Kaufhaus- oder Versandhaus-Katalog mit Waren aus verschiedenen Abteilungen (Schmuck, Kleidung, Haushalt usw.).

- Beschreiben Sie einen Gegenstand aus dem Katalog (Farbe, Größe, Material, Verwendungszweck usw.) und lassen Sie die Zuhörer ihn erraten.
- Bitten Sie nun reihum jeweils einen Zuhörer, aus dem Katalog einen beliebigen Gegenstand im Geheimen auszuwählen und diesen ebenfalls zu beschreiben.
- Sie versuchen, gemeinsam mit den anderen Zuhörern zu erraten, was für ein Gegenstand das sein könnte.

  Variante: Geben Sie eine Abteilung vor, aus der der Gegenstand stammen sollte, z. B. Kleidung, Haushalt, Schmuck.

Im Rausch der Farben

Anni, Walburga, Theo und Karl steigen aus dem Bus, der sie zum Museum gebracht hat. Sie wollen sich die Ausstellung „Im Rausch der Farben“ ansehen.
Anni und Walburga sind Feuer und Flamme. Seit Tagen freuen sie sich darauf. Ihre Begleiter sind weniger begeistert. Sie sind nur mitgefahren, weil sie sonst nichts zu tun hatten.
Schon beim ersten Bild machen sich die unterschiedlichen Einstellungen bemerkbar.
„Haha! Das hätte ich aber auch hingekriegt!“, spottet Theo und zeigt auf ein Bild mit verschiedenen quadratischen und rechteckigen Farbflächen, von denen eine rot und eine andere blau herausleuchtet.
„Das ist von Paul Klee“, empört sich Walburga.
„Kleines Tannenbild“, liest Karl und lacht laut. „Der Pfeil da soll eine Tanne sein? Gebt mir einen Stift, das male ich euch auch.“
Walburga hakt sich bei Anni unter. „Komm, lass die Kulturbanausen doch allein durchs Museum gehen.“

Anni wirft den Kopf in den Nacken und zieht Walburga fort. „Genau! Ich möchte mir die Bilder ohne blöde Kommentare anschauen.“
Die beiden Frauen gehen von Bild zu Bild. Sie rätseln, warum Franz Marc seine Pferde immer blau malt und wie mühselig es für van Gogh gewesen sein muss, die Ähren so schön gelb und wehend hinzubekommen.
Theo und Karl bleiben immer ein paar Schritte hinter ihnen und es vergeht kein Bild, zu dem sie nicht anmerken: „Das hätte ich auch hingekriegt.“

Schließlich gelangen sie in den letzten Raum der Ausstellung. Statt der Bilder befinden sich hier Staffeleien. Auf einem Tisch in der Mitte liegen Pinsel und Paletten mit Farben. An zwei Staffeleien stehen bereits Besucher und malen.
„Dann zeigt mal, was ihr könnt“, ruft Anni belustigt.

„Kein Problem!", meint Theo und greift nach einer Palette und einem Pinsel. Breitbeinig stellt er sich vor eine Staffelei. Er hebt den Pinsel und will schon Farbe auf die Leinwand klecksen. Doch dann weiß er nicht, wo er beginnen soll. Ist das wirklich gut, in der Mitte anzufangen? Soll er nicht lieber oben links beginnen oder oben rechts? Er versucht, sich an die Bilder zu erinnern, die er gesehen hat. „Na, das wird wohl nichts", spottet Walburga. Theo zieht hörbar die Luft ein. Gerne hätte er Walburga widersprochen, aber er hat keine Ahnung, wie er vorgehen soll. „Du hast ja Recht. Ich hätte es nicht hingekriegt", gibt er schließlich zu.

Walburga grinst zufrieden. Aber nur kurz, dann zeigt sie auf Postkarten, die ebenfalls auf dem Tisch liegen. „Kommt, wir suchen uns ein Bild aus und malen es zusammen nach.

Sie werden sich schnell einig und befestigen die Karte über der Leinwand. Jeder fängt an einer Ecke an, schaut auf die Karte, sucht die passende Farbe und malt. So wird der Ausflug doch ein schöner Tag und sie können sogar ein Gemeinschaftsbild mit nach Hause nehmen.

Aktivierungen zur Sinnesgeschichte

Lassen Sie erzählen ...

- Wann waren Sie zum ersten Mal in einem Museum? Was für ein Museum war das?
  (z. B. Kunstmuseum, Naturkundemuseum, Heimatmuseum)
- Mit wem waren Sie in dem Museum?
- Welches Museum haben Sie besonders gerne besucht?
- Welches Bild eines bekannten Künstlers gefällt Ihnen besonders gut?
- Wie müssen wir uns das Bild vorstellen?
- Was gefällt Ihnen daran?
- Haben Sie selbst auch gemalt?
- Wie kamen Sie auf Ihre Motive?
- Mit welcher Technik und welchem Material haben Sie gemalt?
  (z. B. Aquarell, Acryl, Buntstift, Öl)
- Oder haben Sie eine andere Form der kreativen Gestaltung bevorzugt?
  (z. B. Basteln mit Papier, Gestalten mit Glas oder Holz, Handarbeiten: Häkeln, Stricken, Sticken, Nähen)
- Welche war Ihre Lieblingsfarbe?
- Wo fand man diese in Ihrer Kleidung oder bei Ihnen zu Hause?
- Ist es noch heute Ihre Lieblingsfarbe?

Kunst sehen und Kunst machen

Für die Aktivierungsidee brauchen Sie Kunstpostkarten, Kunstkalender oder einen Bildband mit Kunstwerken passend zur Geschichte („Kleines Tannenbild" von Paul Klee, „Blaues Pferd" von Franz Marc, „Der Schnitter" von Vincent van Gogh bzw. andere Bilder der Künstler oder von Joan Miró), ggfs. vergrößert, evtl. Papier und Bleistift für jeden, Buntstifte, Filzstifte oder Wasserfarben, Pinsel, eine Plastiktischdecke sowie einen Malkittel für jeden.

- Zeigen Sie das Bild den Zuhörern und lassen Sie diese beschreiben, was auf dem Gemälde zu sehen ist.
- Lesen Sie den Titel des Bildes vor und suchen Sie gemeinsam nach einem Bezug zwischen Titel und einzelnen Elementen des Gemäldes.
- Fragen Sie, wo auf dem Bild eine bestimmte Farbe zu sehen ist, und lassen Sie die Stelle beschreiben.
- Je nach Möglichkeiten lassen Sie die Bilder nachmalen. Dafür empfehlen sich vor allem Bilder von Paul Klee, Joan Miró oder auch Piet Mondrian.
- Jeder Zuhörer bekommt ein Blatt Papier, einen Bleistift, ggfs. einen Malkittel und hat Zugriff auf die Farben. Bitten Sie einen einzelnen Ausschnitt oder auch das ganze Bild nachzumalen.

Überraschender Besuch

„Ach, zu Hause ist es doch am schönsten!" Luise stellt ihren Koffer im Flur ab und schließt die Wohnungstür.
Als sie ihre Jacke an die Garderobe hängen will, wundert sie sich. „Seltsam, wo ist denn meine blaue Strickjacke?" Luise erinnert sich genau, dass sie die an den Haken gehängt hat. In letzter Minute hatte sie sie aus dem Koffer genommen, weil ihr der doch zu schwer war.
In Gedanken versunken hängt Luise die Jacke auf einen Bügel und an die Garderobe. Irgendetwas ist anders als sonst. Dann fällt es ihr ein. „Wo ist denn mein Hut abgeblieben?" Sie weiß genau, dass sie ihn immer über den obersten Knauf der Garderobe hängt. Ja, im Schrank gegenüber gibt es extra ein Hutfach, aber sie schaut den Hut einfach gerne an. Jedes Mal, wenn sie die Wohnung betritt, erinnert er sie an schöne Erlebnisse.
Kopfschüttelnd öffnet Luise die Schranktür, um den Mantel wegzuhängen. Da liegt der Hut. Das ist ja seltsam. Ob Frau Kugler, die Nachbarin, die die Blumen gießen wollte, den Hut umgeräumt hat?

Luise schiebt den Gedanken beiseite, weil ihr ein Kaffeeduft in die Nase steigt. Es riecht so, als hätte jemand gerade frischen Kaffee aufgebrüht. Hatte sie etwa das Fenster aufgelassen und der Duft kommt von der Nachbarin? Sie schüttelt den Kopf.
„Nun rieche ich schon Gespenster!", sagt sich Luise und öffnet die Tür zum Wohnzimmer. „Noch mehr Gespenster", entfährt es ihr.
Der Tisch ist mit ihrem besten Porzellan mit den rosa Blümchen gedeckt. In dem Zuckertöpfchen glänzt der silberne Zuckerlöffel, als hätte ihn jemand frisch poliert. Daneben steht die Schwarzwälder Kirschtorte, die Luise so gerne isst. Was ist hier los?

Auch die Fensterbank sieht anders aus als bei ihrer Abreise. Die Orchidee steht nicht am

Fenster © Aloksa | fotolia.com

angestammten Platz und ihr alter Kaktus ist in die Ecke gerückt. Was war nur in die Nachbarin gefahren?
Luises Blick fällt auf die Bücherwand. Das gibt es doch nicht! Die Bücher sind nach Farben geordnet.
„Bin ich denn in der falschen Wohnung?“, fragt sich Luise laut und lässt sich auf einen Stuhl fallen.
„Willkommen zu Hause“, antwortet eine Frauenstimme.
Luise zuckt zusammen und schaut erschrocken in die Richtung, aus der die Stimme kommt.
An der Tür zur Küche stehen ihr Sohn Edmund und ihre Schwiegertochter Brigitte und strahlen sie an.
„Wir wollten dich überraschen. Frau Kugler hat uns erzählt, wann du zurückkommst“, sagt Edmund.
Brigitte geht an Luise vorbei und schwenkt eine Kanne mit duftendem Kaffee. „Und beim Warten haben wir ein wenig aufgeräumt. Das ist dir doch recht, oder?“
Luise weiß nicht, was sie sagen soll. Einerseits ist sie gerührt, weil die beiden sie so schön empfangen. Andererseits mag sie es, wenn alle Dinge an ihrem Platz liegen und sie nichts suchen muss. Und jetzt ist alles woanders.
„Dann lass dir Kaffee und Kuchen schmecken.“ Brigitte lächelt Luise freundlich an. „Ich habe extra für dich die Schwarzwälder Kirschtorte gebacken!“
Da kann Luise nicht anders, als ebenfalls zu lächeln. „Vielen Dank!“

Während sie ein Stück Schwarzwälder Kirschtorte verzehrt und vom Urlaub berichtet, schaut sie sich in der Wohnung um. Die Bücher sehen nach Farben sortiert nicht schlecht aus. Aber die Fensterbank. Die kann so nicht bleiben. Sie versucht, sich zu erinnern, wie die Blumen auf der Fensterbank ursprünglich angeordnet waren und was sie umräumen muss. Aber das kann sie später noch. Jetzt genießt sie erst einmal die schöne Überraschung.

Aktivierungen zur Sinnesgeschichte

Lassen Sie erzählen ...

- An welchen Urlaub erinnern Sie sich besonders gerne?
- Wie war es, wenn Sie wieder nach Hause kamen? Wurden Sie erwartet?
- Wer hat sich um Ihre Blumen gekümmert, wenn Sie verreist waren?
- Welches ist Ihre Lieblingstorte?
  (z. B. Schwarzwälder Kirschtorte, Herrentorte)
- Wie sieht es auf Ihrer Fensterbank aus? Würden Ihnen Änderungen auffallen?
- Wie sieht Ihr Lieblingsporzellan aus? Wann holen Sie es aus dem Schrank? *(z. B. zu besonderen Anlässen, auch mal alltags)*

Ich sehe was, was du nicht siehst

Sie brauchen nur den Raum, z. B. eine Fensterbank mit Blumen.
Ist der Raum schlicht, könnten Sie Gegenstände dort platzieren,
z. B. Topfpflanze, Schale, Vase.

- Beginnen Sie, indem Sie einen Gegenstand im Raum beschreiben und die Zuhörer darum bitten, herauszufinden, was Sie meinen.
- Derjenige, der richtig geraten hat, ist nun an der Reihe. Geben Sie Hilfestellung, falls nötig.
  Variante für geistig fitte Senioren: Alle schließen kurz die Augen und Sie verstecken einen Gegenstand. Errät jemand, welcher fehlt?

Das verschwundene Puzzleteil

Irmtraud, Wilma und Josefa verstehen sich sehr gut. Sie haben eine gemeinsame Leidenschaft: Sie puzzeln gerne und können gar nicht genug davon bekommen.
„Puh, das ist aber wirklich ein schweres Puzzle", stöhnt Irmtraud.
Der größte Teil des Puzzles mit dem Bergmassiv aus der Schweiz ist fertig. Nur die Berghütte fehlt noch.
„Wo ist denn der Balkonkasten mit der Geranie?", fragt Wilma, die immer gerne das Sagen haben will. „Das Teil muss doch irgendwo sein. Auf dem Bild auf der Schachtel ist die Geranie deutlich zu sehen."
Gemeinsam sehen sie ein Puzzleteil nach dem anderen durch. Da ist das Puzzleteil mit dem Fensterkreuz und da das Geweih am Giebel.
„Oh, ich habe das fehlende Teil mit dem Gletschereis gefunden", jubelt Irmtraud und legt es in das leere Feld, das sie die ganze Zeit gestört hat.
Nur das Puzzleteil mit dem Balkonkasten und der Geranie ist nicht zu finden.
„Komm, wir machen erst den Rest", schlägt Josefa vor. Sie ist die Eifrigste. Bis in die Nacht hat sie an dem blauen Himmel gearbeitet.
„Aber wenn das Teil mit der Geranie weg ist, brauchen wir das Puzzle nicht weiterzumachen. Das wird ja dann nie fertig", widerspricht Wilma und wirft sich trotzig auf einen Stuhl.
Irmtraud seufzt und sieht Josefa an. Manchmal ist Wilma wirklich anstrengend! Man puzzelt doch aus Spaß und die Teile werden am Ende ohnehin wieder zusammengeworfen. Aber Wilma ist da ganz anderer Meinung.
„Bisher ist es immer aufgegangen", versucht Josefa, ihre Freundin Wilma zu beruhigen. „Nun hilf uns schon."
Mit verkniffenem Gesicht lässt sich Wilma doch wieder auf das Puzzlespiel ein.

Gemeinsam legen die drei Frauen ein Puzzleteil nach dem anderen in das Bild. Am Ende bleibt genau eine Stelle leer.
„Ich hab's doch gleich gesagt", nörgelt Wilma. „Das Teil mit dem Balkonkasten und der Geranie fehlt! Wer weiß, womöglich war es gar nicht in der Schachtel und der Hersteller hat geschlampt!"
„Ja, genau, es sind immer die anderen", sagt Irmtraud etwas gereizt und sucht den Tisch ab, ob das Teil sich unter der Decke oder Puzzleplatte versteckt hat.
Josefa verdreht die Augen und kriecht schweigend unter den Tisch. Während Irmtraud auf Tisch und Stühlen jedes Fleckchen absucht, prüft Josefa den Boden. Keine Spur von dem Puzzleteil mit der Geranie.
„Wo kann das Teil denn sein?", überlegt Irmtraud. Doch ihre Stimme wird von einem Staubsauger übertönt.
„Achtung, Achtung!", ruft Eugen und schiebt einen alten Staubsauger durch den Raum.
Wilma hebt ihre Füße, damit Eugen unter dem Stuhl saugen kann.
„Halt!", ruft Josefa. „Nicht, dass Eugen das fehlende Teil einsaugt."
Irmtraud starrt den Staubsauger an. „Und wenn er es schon eingesaugt hat?"
„Wann hast du hier zuletzt gesaugt?", will Josefa von Eugen wissen.
„Heute Morgen", antwortet Eugen. „Aber nach dem Frühstück sind immer so viele Krümel auf dem Boden, deshalb komme ich noch einmal."
Josefa und Irmtraud sehen sich an. Eugen ist einer von ihnen. Er wohnt wie sie in dieser Seniorenresidenz. Während sie gerne puzzeln, saugt er für sein Leben gerne Staub. Allerdings nur im Wohnzimmer und im Flur. Folglich durften in dem Staubsaugerbeutel nur Krümel, Schnipsel und Wollmäuse sein.
„Dürfen wir mal in den Staubsaugerbeutel schauen?", fragt Josefa.

Eugen nickt. „Natürlich." Er öffnet den Staubsauger, nimmt den Staubsaugerbeutel heraus und hält ihn Josefa hin.
Irmtraud holt den leeren Papierkorb aus der Zimmerecke und Josefa leert den Staubsaugerbeutel hinein. Sorgfältig stöbern die beiden zwischen den Wollmäusen.
„Guck mal hier, ein halber Liebesbrief", ruft Irmtraud und Josefa entdeckt einen Ohrring, den Annabelle schon lange vermisst.
„Hier ist der Balkonkasten mit der Geranie!", jubelt Josefa schließlich und legt das letzte Teil in das Puzzle.
Nun steht auch Wilma auf und blickt zufrieden mit den beiden Freundinnen auf das vollständige Puzzlebild.

Aktivierungen zur Sinnesgeschichte

Lassen Sie erzählen …

- Welche ist Ihre Lieblingsbeschäftigung?
  (z. B. puzzeln, Musik hören, fernsehen, Rätsel lösen, lesen)
- Was haben Sie früher gerne gemacht?
  (z. B. Handarbeiten, musizieren, lesen)
- Haben Sie auch gepuzzelt? Allein oder gemeinsam mit der ganzen Familie?
- Welche Motive gefallen Ihnen beim Puzzeln?
  (z. B. Landschaften, Tiere)
- Wie viele Teile muss ein gutes Puzzle für Sie haben?
  (z. B. 1 000, 4 000, 6 000)

Puzzeln und schauen

Sie benötigen ein Puzzle, am besten mit 20 bis 30 Teilen.

- Setzen Sie das Puzzle auf einem flachen Tablett zusammen und nehmen Sie für jeden Zuhörer ein Puzzleteil wieder heraus.
- Verteilen Sie die Puzzleteile und reichen Sie das Tablett herum, sodass jeder sein Teil an der richtigen Stelle einsetzen kann. Unterstützen Sie, falls nötig.
- Betrachten Sie gemeinsam das fertige Puzzle und stellen Sie den Zuhörern kleine Suchaufgaben, z. B.: *„Wo ist denn die Geranie/Katze/Suppenterrine?“*
- Lassen Sie die Teilnehmer Suchaufgaben stellen.

Der Flug der Kraniche

Seit Paul Rentner ist, sitzt er jedes Jahr im Februar und März, so oft es geht, am Fenster und schaut in den Himmel. Schon als Junge hat er das gerne gemacht, aber damals hieß es meist: „Hast du nichts zu tun? Dann gebe ich dir was!“ Nur selten war es ihm gelungen, den wachsamen Augen der Mutter zu entgehen. Und dann hatte er dagesessen und in den Himmel geschaut und auf den Zug der Kraniche gewartet.

Auch mit seinen inzwischen 72 Jahren ist der Zug der Kraniche für Paul in jedem Jahr wieder ein Erlebnis. Von seinem Fenster im zweiten Stock hat er einen weiten Blick und kann die Formation der Kraniche beobachten.
Und jedes Jahr nimmt er das alte, zerfledderte Schulheft mit dem schwarzen Umschlag zur Hand. In diesem Jahr zeichnet er ein V mit einem kleinen Haken.
„Was ist das denn?“, will seine Enkelin Emily wissen, als sie die Kritzelei sieht.
„Das sieht man doch, die Kraniche“, antwortet Paul und konzentriert sich darauf, das Muster vom Himmel eins zu eins aufs Blatt zu bringen.
„Aber Opa, die musst du doch nicht malen, die kannst du einfach fotografieren.“ Emily schüttelt den Kopf, zieht ihr Handy hervor und fotografiert die Kraniche.
„Ach, du mit deinem Handy“, wehrt Paul ab. „Das ist doch überflüssig, schau hier, da kannst du alles gut erkennen.“
Paul blättert an den Anfang des Heftes.
„Siehst du? Schon als ich acht Jahre alt war, sind die Kraniche so geflogen. Fast wie heute. Ein V mit Schnörkel oben rechts.“
Die Form war wirklich die gleiche, aber Kraniche waren das nicht. Emily denkt nach. Sie holt die gute Kamera ihrer Mutter und fotografiert die Kraniche. Dann bittet sie Paul: „Darf ich dein Heft haben? Nur kurz. Ich möchte meine Fotos mit den Mustern vergleichen.“

Die Bitte kann Paul schlecht abschlagen und so sitzt Emily wenig später vor ihrem Computer. Rechts neben sich hat sie das Heft des Großvaters. Auf dem Computerbildschirm hat sie ihre Fotos der Kraniche geöffnet. Sie dreht die Fotos und bearbeitet sie bis Mitternacht. Dann geht sie zufrieden schlafen.

Am nächsten Morgen druckt sie ihre nächtliche Arbeit aus und bastelt daraus ein Heft. Das legt sie ihrem Großvater zusammen mit seinem Heft vor, als er seinen Platz am Fenster einnimmt.
Paul öffnet Emilys Heft. „Wie hast du das denn gemacht? Die Kranich-Muster sehen genauso aus wie meine, aber man kann jeden einzelnen Kranich erkennen."
Emily strahlt und freut sich über die Freude des Großvaters. „Ich habe ein Programm, da kann man aus Fotos neue Fotos basteln und da habe ich deine Zeichnungen nachgebaut", erzählt sie.

Paul vergleicht die beiden Seiten. „Meine Zeichnungen sind schön, aber deine Bilder sind auch wunderbar." Er zwinkert ihr zu. „Wir sollten ab jetzt zusammen Kraniche beobachten."
Emily hebt die Kamera ihrer Mutter und zwinkert ebenfalls. Dann setzen sie sich nebeneinander ans Fenster und schauen in den Himmel.

Aktivierungen zur Sinnesgeschichte

Lassen Sie erzählen …

- Was haben Sie als Kind besonders gerne am Himmel beobachtet? *(z. B. Vögel, Sterne, Zeppelin)*
- Haben Sie auch den Zug der Kraniche beobachtet? Wie haben Sie das erlebt?
- Gibt es etwas, das noch heute Ihre Aufmerksamkeit weckt, wenn Sie aus dem Fenster schauen? Was ist das? *(z. B. Vögel im Vogelhaus, Passanten)*
- Haben Sie früher gezeichnet, was Sie in der Umgebung gesehen haben?
- Wie reagierten Ihre Eltern und die Lehrer darauf, wenn Sie als Kind einfach nur in die Luft guckten und nichts taten?

Beobachten und Entdecken

- Bitten Sie die Zuhörer, aus dem Fenster zu schauen, auf die Straße und in den Himmel, und lassen Sie sie beschreiben, was zu sehen ist.
- Beginnen Sie selbst oder geben Sie Hilfestellung, falls nötig.
- Ermutigen Sie alle Zuhörer, nacheinander etwas, was sie sehen, zu beschreiben.

Hören

Der 80. Geburtstag

Sie benötigen Teelöffel und möglichst dickwandige Gläser oder Tassen für alle.

Das klingende Glas: In der Geschichte wird immer wieder erzählt, dass jemand gegen ein Glas klopft, um Ruhe zu erzeugen. Durch Ping-ping-ping wird das angezeigt. Hier können die Zuhörer aktiv werden.

Verteilen Sie die Teelöffel und Gläser und bitten Sie die Zuhörer, wenn sie mögen, an den passenden Stellen in der Geschichte mit dem Löffel gegen das Glas zu klopfen oder ersatzweise auf den Tisch oder die Armlehne. Am schönsten klingt es natürlich, wenn gegen Glas oder Metall geklopft wird. Geben Sie zusätzlich ein Handzeichen und machen Sie eine Lesepause, wenn geklopft wird, damit es alle mitbekommen. Dabei mitzumachen, ist natürlich freiwillig.

Otwin feiert seinen 80. Geburtstag. Seit Wochen hat er zusammen mit Enkel Bastian diesen Tag geplant.
Nun sitzt Otwin auf seinem Stuhl und blickt in die Runde. Er freut sich über die zahlreich erschienenen Gäste.
„Marianne und Ingeborg haben die Plätze getauscht", tuschelt Otwin seinem Enkel Bastian zu. Er tuschelt so laut, dass alle seine Worte verstehen.
Marianne und Ingeborg werden rot und wechseln hastig zurück auf die Plätze, die Otwin mit seinen handbemalten Tischkärtchen markiert hat.
„Das war ein Versehen", murmelt Marianne.
Otwin zwinkert Bastian zu und der Enkel fragt sich, ob das Tuscheln des Großvaters vielleicht extra etwas lauter ausgefallen ist.
Da nimmt Otwin seine Gabel und klopft gegen das Weinglas.

Ping-ping-ping, macht es.
Doch die Gäste sprechen weiter, vor allem Marianne und Ingeborg mit ihren roten Köpfen.
Otwin klopft erneut gegen das Glas. Etwas stärker dieses Mal.
Ping-ping-ping.
Der letzte Schlag war wohl doch etwas zu heftig. Das Glas zerbricht.
„Ich sollte in meinem Alter wirklich keinen Wein mehr trinken", scherzt Otwin. „Aber Scherben bringen Glück und jetzt hört ihr mir wenigstens alle zu."
In der Tat beenden die Gäste nun ihre Gespräche und wenden sich Otwin zu.
Er bedankt sich für das Kommen und wünscht allen eine schöne Feier.
„Nun lasst uns trinken und essen", fordert er die Gäste am Ende seiner Ansprache auf.
Otwin nimmt sich eine große Scheibe von dem Rinderbraten, der so verlockend aussieht, und verteilt Soße über die Salzkartoffeln.
Die Bedienung entfernt die Scherben, bringt ihm ein neues Glas und schenkt Wein ein.
Gerade als Otwin den ersten Bissen vom Rinderbraten in den Mund schiebt, steht sein Sohn Michael auf und klopft mit dem Messer gegen sein Weinglas.
Ping-ping-ping, macht es.
„Nun kommt Papas Rede", flüstert Bastian seinem Großvater zu. Weiter kommt er nicht, denn ein lautes Klirren unterbricht ihn.
„Michael!", kreischt Sabine, die neben ihrem Mann sitzt. Über ihr neues Kleid ergießt sich der Weißwein aus Michaels Glas, das beim Klopfen ebenfalls zersprungen ist.
„Ich sag doch, Scherben bringen Glück", meint Otwin nur und isst gemütlich weiter, während Michael hektisch die Glasscherben beseitigt.
Ansgar, Otwins Kegelbruder, nutzt die Gelegenheit. Er steht auf und klopft mit seinem Suppenlöffel vorsichtig gegen ein Weinglas.

Ping-ping-ping!

„Ruhe bitte! Ich möchte etwas sagen“, ruft Ansgar und klopft etwas lauter gegen das Glas.

Ping-ping-ping!

Wieder gibt es Scherben. Zum Glück trinkt Ansgar keinen Wein und die nächste Wein-Überschwemmung bleibt aus. Aber wieder müssen Scherben beseitigt werden. Otwin legt sein Besteck zur Seite und lacht. „Aller guten Dinge sind drei und Scherben bringen Glück“, meint er. „Und die Redensart stimmt sogar. Ich wollte keine Reden und nun hat wohl keiner mehr Lust, eine Rede zu halten. Also lasst uns jetzt endlich essen und trinken!“

Er hebt sein Glas, prostet den Gästen zu und droht Bastian scherzhaft mit dem Finger, als der ganz leise mit einem Löffel gegen sein Weinglas schlägt und ein Ping hören lässt. Aber nur eins, dann trinkt er den Wein auf das Wohl seines Großvaters.

Aktivierung zur Sinnesgeschichte

Lassen Sie erzählen …

- An welchen runden Geburtstag erinnern Sie sich besonders gerne? War es Ihr eigener oder waren Sie zu Gast?
- Wer waren Ihre Gäste bei einem runden Geburtstag? Wo fand das Fest statt?
- Was gab es zu essen?
  (z. B. Ragout fin, Braten, Cordon bleu, Prinzesskartoffeln, Kroketten, Kartoffelgratin, Eisbombe, rote Grütze)
- Erinnern Sie sich an ein anderes großes Fest? Was war der Anlass? Wo wurde gefeiert?
- Was halten Sie von Reden zu Anlässen, wie runden Geburtstagen oder Hochzeiten?
- Haben Sie selbst einmal eine Rede gehalten? Zu welchem Anlass?
- Wurde für Sie eine Rede gehalten? Zu welchem Anlass und von wem?
- Oder gab es andere Überraschungen, wie Gesang oder Spiele?
- Erinnern Sie sich auch an einen Moment mit Scherben? Was war da passiert?
  (z. B. Fußball in Fensterscheibe, Glas beim Klopfen für eine Rede zerbrochen)
- Welche Sprichwörter nutzen Sie manchmal?
  (z. B. Scherben bringen Glück, Alle guten Dinge sind drei, Eine Schwalbe macht noch keinen Sommer, Was Hänschen nicht lernt, lernt Hans nimmermehr)
- Was halten Sie von Sprichwörtern? Haben Sie schon erlebt, dass sie stimmen? Was war da?

Naturkonzert im Stadtpark

Sie benötigen mehrere Bildkarten von Tieren – je nach Gruppengröße –, die mit ihren tierischen Geräuschen in dieser Geschichte immer wiederkehren: die Hummel mit ihrem Summen, die Vögel mit ihrem Gezwitscher und der Hund mit seinem Bellen. Hier können die Zuhörer aktiv werden.

Tierische Geräusche: Verteilen Sie die bunt gemischten Bildkarten an die Zuhörer, z. B. für jeden drei Bildkarten oder für jeden jeweils eine Bildkarte.
Erläutern Sie den Zuhörern vorab: Wenn es in der Geschichte Summ-summ-summ lautet, Sie ein Tirili-tirili-tirili oder Wuff-wuff-wuff vorlesen, sollen die Zuhörer immer die entsprechende Bildkarten hochheben. Geben Sie zusätzlich ein Handzeichen und machen Sie eine Lesepause, damit es alle mitbekommen. Dabei mitzumachen, ist natürlich freiwillig.

Bernhard und Hermine spazieren durch den Park.
„Sieh nur, die kleinen, weißen Blümchen dort", sagt Hermine und beugt sich zu einem riesigen Busch wunderschöner, weißer Schneeglöckchen hinunter.
Je näher sie kommt, umso lauter wird das Summen aus dem Blütenbusch.
Summ-summ-summ.

„Pass auf, eine Hummel", warnt Bernhard seine Frau. „Hörst du sie denn nicht?"
Summ-summ-summ!
Jetzt entdeckt auch Hermine die dicke Hummel. Ganz genau kann sie den Blütenstaub an den Füßchen erkennen. Die Hummel fliegt von einer Blüte zur nächsten und scheint sich sehr anzustrengen. Zumindest klingt es so:
Summ-summ-summ.

„Nun komm aber weiter", fordert Bernhard seine Frau auf. „Wir wollen doch zum Vogelgehege."

Aber schon wenige Schritte weiter müssen sie wieder stoppen. Zwei Hunde versperren den Weg. Links steht ein kleiner Rauhaardackel, der schnell und laut kläfft.
Wuff-wuff-wuff.
Das lässt sich der Bernhardiner auf der rechten Seite nicht gefallen. Langsam und tief bellt er:
Wuff-wuff-wuff.
Die Besitzer haben alle Mühe, die Hunde voneinander fernzuhalten.
Bernhard und Hermine gehen über den Rasen an den Hunden vorbei und sind froh, als sie endlich am Vogelgehege sind.

„Hör nur, die unterhalten sich ja richtig miteinander!", sagt Bernhard beeindruckt, als sie die große Voliere erreichen.

Zuerst ist ein feines Flöten aus der einen Ecke des Geheges zu hören und als Antwort darauf öffnet der Sittich vor ihnen den Schnabel und zirpt hell.
Tirili-tirili-tirili!
Kaum endet sein Gesang, erklingt ein neues ähnliches Flöten.
Tirili-tirili-tirili!
Bernhard kann nicht genug kriegen. Er steht vor der Voliere und beobachtet die Vögel.
„Wo ist denn wohl der andere Sittich?", fragt er sich.
Hermine geht weiter um das Vogelgehege herum.
„Na, hört ihr auch den Vögeln zu?", spricht sie zwei Jungen an, die sich an den Zaun der Voliere drücken.
Die beiden Jungen kichern und laufen davon. Verwundert sieht Hermine ihnen nach. Sie hat doch nur eine Frage gestellt. Ihr fällt auf, dass die Vögel plötzlich schweigen. Das „Tirili-tirili-tirili!" ist verstummt.

„Mit wem hast du gesprochen?“ Unversehens taucht Bernhard neben Hermine auf.
„Ach, hier waren zwei Jungen. Als ich sie gefragt habe, ob sie die Vögel anhören, sind sie weggelaufen“, antwortet Hermine.
In dem Augenblick ertönt erneut ein Tirili-tirili-tirili! Allerdings nicht aus der Voliere, sondern aus einem Busch.
Bernhard schleicht sich an den Busch heran und sucht den Vogel, der da singt. Doch er findet nur die beiden Jungen mit ihren Handys.
„Habt ihr die Vögel erschreckt?“, will er wissen. „Sie singen nicht mehr.“
Einer der Jungen grinst und drückt auf einen Knopf an seinem Handy. Tirili-tirili-tirili, erklingt und sofort ertönt hinter ihnen ein Tirili-tirili-tirili!
„Unser Lehrer hat gesagt, dass Vögel auf Handytöne antworten“, sagt der zweite Junge. „Das wollten wir ausprobieren.“
Bernhard schüttelt den Kopf. Was es nicht alles gibt! Aber wie es scheint, hat der Lehrer der Jungen Recht.
„Solch ein Handy brauche ich auch“, sagt Bernhard auf dem Heimweg zu Hermine und freut sich schon auf den nächsten Spaziergang mit dem Handy.

Aktivierung zur Sinnesgeschichte

Lassen Sie erzählen …

- Wohin machten Sie früher am liebsten Ihren Sonntagsspaziergang? Waren Sie allein unterwegs oder mit der ganzen Familie?
- Wohin hat Sie als Kind der Spaziergang am Sonntag geführt?
- Gab es in Ihrem Wohnort einen Stadtpark? Welche Attraktionen waren dort zu sehen? *(z. B. Springbrunnen, Vogelgehege, Streichelzoo, Denkmal, Musikpavillon)*
- Welcher Ort im Park hat Ihnen am besten gefallen und warum?
- An welche Geräusche in einem Park erinnern Sie sich? *(z. B. Plätschern eines Springbrunnens, Hundegebell, Kindergeschrei, Summen von Bienen und Hummeln, Knistern von Herbstlaub)*
- Können Sie Vogelstimmen unterscheiden? Von wem haben Sie das gelernt?
- Können oder konnten Sie vielleicht sogar Vogelstimmen imitieren? Haben Sie damit auch einmal Vögel gefoppt, die Sie für einen Artgenossen hielten?
- Welche Blumen gefallen Ihnen am besten? *(z. B. Rosen, Tulpen, Osterglocken, Schneeglöckchen, Narzissen, Gänseblümchen)*

Besuch bei der alten Dampflokomotive

In der Geschichte gibt es zwei Fahrzeuge, die immer wieder vorkommen: ein Auto und eine Dampflokomotive. Hier können die Zuhörer aktiv werden.

Zuhören und Reagieren: Erläutern Sie den Zuhörern vorab, dass, wenn Sie das Signalwort Auto vorlesen, in die Hände geklatscht wird. Beim Signalwort Dampflokomotive sollen die Zuhörer die Bewegung der Räder imitieren: die Arme seitlich neben dem Körper anwinkeln und vertikale Kreisbewegungen machen. Legen Sie gemeinsam mit den Zuhörern fest, ob alle beide Bewegungen ausführen oder ob zwei Gruppen gebildet werden.
Dabei mitzumachen, ist natürlich freiwillig. Geben Sie zusätzlich ein Handzeichen und machen Sie eine Lesepause, wenn Sie das Signalwort vorlesen, damit es alle mitbekommen.

Klaus ist schon lange im Ruhestand. Er genießt es, morgens gemütlich seinen Kaffee zu trinken und die Zeitung zu lesen. Kein Termin wartet, niemand drängt ihn, pünktlich an einem Ort zu sein, und es ist egal, ob sein altes Auto anspringt oder nicht.
Nur an einem Tag im Monat ist das anders. Jeden ersten Sonntag im Monat hat Klaus eine Verabredung. Nein, nicht mit einer Frau und auch nicht mit einem Mann. Er ist mit einer Lokomotive verabredet. An jedem ersten Sonntag im Monat ist im Eisenbahnmuseum die schöne, alte Dampflokomotive in Betrieb. Klaus war Lokführer und auf dieser Dampflokomotive hat er seine Ausbildung begonnen. Später hat er sogar ICEs gesteuert, aber nichts war so schön wie die Fahrt mit der Dampflokomotive. Dieser Duft

des Kohlendampfs, der in die Luft aufstieg, das war doch etwas anderes als diese neumodischen Züge.

„Ich komme schon!“, ruft Klaus an diesem ersten Sonntag, als es an der Tür klingelt. Das ist sein ehemaliger Kollege Robert, der ihn dieses Mal ins Eisenbahnmuseum begleitet. Klaus setzt sich ins Auto und startet. Der Motor gibt keinen Ton von sich, so oft Klaus auch den Zündschlüssel umdreht.
„Das wäre dir mit der Dampflokomotive nicht passiert“, spottet Robert, bis ihm klar wird, dass auch er nicht rechtzeitig im Eisenbahnmuseum sein wird.
„Versuch's noch mal!“, drängt Robert seinen Freund Klaus, dessen Blick sich immer weiter verfinstert.

„Das wird nichts mehr“, sagt Klaus schließlich, steigt aus dem Auto und knallt die Tür zu. Sein ganzes Leben hat er Wert darauf gelegt, pünktlich zu sein. Mit der Dampflokomotive war er immer pünktlich am Ziel und nun macht ihm sein Auto einen Strich durch die Rechnung.
„Mensch, wir rufen ein Taxi!“, schlägt Robert vor und wählt auf seinem Handy die Nummer der Taxizentrale.
Bedrückt lässt er das Handy sinken. „Ein Auto der Taxizentrale kann erst in einer halben Stunde hier sein. Ein paar Fahrer sind krank und viele lassen sich heute zum Eisenbahnmuseum fahren.“
Mit gesenktem Kopf und hängenden Schultern schließt Klaus die Haustür auf. Er hat sich so auf die Dampflokomotive gefreut. Das Telefon klingelt, er hört es kaum.
„Telefon!“, ruft Robert. Er geht an Klaus vorbei und hebt den Hörer ab. Je länger er zuhört, umso fröhlicher wird sein Blick.

„Das war Enno aus dem Eisenbahnmuseum. Er hat sich gewundert, warum du nicht wie sonst immer eine Stunde vor Fahrtantritt dort bist", berichtet Robert.

Klaus zuckt nur die Achseln. „Sag ihm, ich komme nicht."

Robert fasst ihn bei den Schultern und schüttelt ihn. „Doch! Ennos Tochter ist unterwegs, um uns abzuholen."

Als Klaus die Nachricht verstanden hat, hupt schon ein Auto vor der Tür. Die Männer eilen aus dem Haus und es dauert nicht lange, da sind sie im Eisenbahnmuseum.

„Danke!", sagt Klaus immer wieder zu Enno und seiner Tochter. Dann wendet er sich um. „Da bin ich, meine Kleine", sagt er und tätschelt die schwarze, alte Dampflokomotive.

Aktivierung zur Sinnesgeschichte

Lassen Sie erzählen …

- Sind Sie einmal mit einem Zug gefahren, der von einer Dampflokomotive angetrieben wurde?
  - Gab es einen besonderen Anlass? *(z. B. Museumsfahrt)*
  - Wie hat Ihnen das gefallen?

- Ist Ihnen das auch einmal passiert, dass ein Auto nicht ansprang und Ihre Pläne durchkreuzt hat? Wie haben Sie die Situation gelöst?
  (z. B. Taxi gerufen, Pannenhilfe gerufen, Starthilfe geben lassen)

- Hatten Sie früher eine Modelleisenbahn? Welches Modell war das?
  - Haben Sie Lokomotiven gesammelt?
  - Welche besaßen Sie?
  - Wie sah Ihre Eisenbahnanlage aus?
  - Mit wem haben Sie das Hobby geteilt?

- Gibt es etwas aus Ihrem Berufsleben, das Ihnen auch im Ruhestand noch so am Herzen liegt wie Klaus die Dampflokomotive?
- Wie haben Sie im Ruhestand Kontakt zu Kollegen gehalten? Gab es regelmäßige Treffen oder Ausflüge?
- Welchen Kontakt haben Sie heute noch zu Ihren ehemaligen Kollegen?

Sonntag ist Fußballtag

In der Geschichte gibt es zwei Begriffe, die immer wieder vorkommen: Tor und Buh! Hier können die Zuhörer aktiv werden.

Fußball-Rufe: Erläutern Sie vorab: Wenn im Text eines der Signalwörter gelesen werden sollte, können die Zuhörer es stattdessen rufen. Geben Sie jeweils ein Handzeichen: mit Daumen und Zeigefinger einen Kreis bilden für ein Tor und mit der Faust in die Luft boxen für ein Buh! Machen Sie zusätzlich eine Lesepause, damit es alle mitbekommen. Dabei mitzumachen, ist natürlich freiwillig.

Iris steht in ihrem Vorgarten, als Nachbarin Olga neben ihr stehen bleibt.
„Hast du Lust, heute zum Kaffee vorbeizukommen?", fragt Olga.
Iris schüttelt den Kopf. „Du weißt doch, heute ist Fußballtag."
Olga lacht. „Du und dein Fußball! Statt leckeren Kuchen zu essen, willst du auf dem Platz stehen und Tor oder Buh rufen?"
Iris nickt. „Am liebsten würde ich mitspielen. Aber es gibt keine Mannschaft für 80-jährige Frauen, also muss ich mich mit dem Platz am Spielfeldrand begnügen."
Olga starrt sie an. „Würdest du wirklich hinter einem Ball herrennen?"
„Klar!", entgegnet Iris. „Schon als Mädchen habe ich davon geträumt. Das war so gemein: Die Jungs durften Fußball spielen und ich durfte nicht mitmachen. Nur wenn sie jemanden brauchten, der sie anfeuerte und Tooor rief, war ich gut genug." Iris schmunzelt. „Aber dann habe ich manchmal einfach Buh gerufen und am Ende wollten sie mich gar nicht mehr beim Spiel dabeihaben."
„Hast du denn heute gefragt, ob du mitspielen darfst?", will Olga wissen.

Iris winkt lachend ab. „Natürlich nicht. Dafür bin ich zu alt."
Darüber muss Olga lachen. Nicht nur, dass Iris der treuste Fan der örtlichen Kindermannschaft war. Sie besaß das goldene Sportabzeichen und ließ es sich nicht nehmen, am Volkswandertag mit dem Bürgermeister vorwegzugehen.
„Dann wünsche ich dir viel Spaß heute Nachmittag", verabschiedet sich Olga. Zu Hause ruft sie sofort ihre Nichte Svenja an, die die Kindermannschaft trainiert.

Als Iris eine Stunde später zum Fußballplatz geht, hakt Olga sich bei ihr unter.
„Ich muss doch mal sehen, was du so toll daran findest, Tor und Buh zu brüllen, statt meinen Kuchen zu essen", meint Olga.
Kaum betreten sie den Platz, kommt Olgas Nichte Svenja auf sie zu.
„Oh, Tante Olga, schön dich zu sehen. Ich kann dir aber nicht versprechen, dass das Spiel heute stattfindet. In unserer Mannschaft sind so viele Spieler ausgefallen."
„Wie schade", mischt sich Iris ein. „Das ist ja noch nie vorgekommen."
„Iris könnte doch mitspielen", schlägt Olga vor und stellt Iris ihrer Nichte vor.
„Echt?", ruft Svenja aus. „Könnten Sie wirklich einspringen? Das wäre super."
Iris schaut sie überrascht an. „Aber dafür bin ich doch wohl zu alt!"
„Es würde reichen, wenn Sie am Anfang ein paar Minuten mitspielen, bis ein Ersatzspieler aus dem Nachbarort eingetroffen ist", erklärt Svenja Iris.
Iris schaut auf den Platz und wiederholt, was sie Olga am Morgen erzählt hatte. „Davon habe ich als Kind geträumt!"
„Dann ist das jetzt Ihre Chance!", sagt Svenja und zieht ein Trikot hervor.
Iris ist so begeistert, dass sie sich nicht wundert, dass Svenja bei einem Spiel der Kinder ein Erwachsenentrikot bei sich trägt.

Kaum pfeift der Schiedsrichter das Spiel an, bekommt Iris den Ball. Sie spurtet damit aufs Tor zu, als hätte sie ihr Leben lang nichts anderes gemacht.
„Iris vor, mach ein Tooor“, rufen die Zuschauer.
„Iris vor, mach ein Tooor!“
Als Iris sich umsieht, bemerkt sie viele Kinder am Spielfeldrand, die sonst auf dem Platz stehen. Sie sieht Olga und erkennt an ihrem breiten Grinsen, wem sie ihren Einsatz auf dem Spielfeld zu verdanken hat.
Bald darauf gibt Iris Svenja ein Zeichen:
„Sie können mich auswechseln.
Vielen Dank für das Erlebnis.“

Zusammen mit Olga steht Iris dann am Spielfeldrand und achtet darauf, dass diese immer im rechten Moment Tooor jubelt oder Buh schimpft.

Aktivierung zur Sinnesgeschichte

Lassen Sie erzählen …

- Erinnern Sie sich an ein ähnliches Erlebnis aus Ihrer Kindheit? Sie wollten gerne etwas tun, was für Sie als Mädchen oder für Sie als Jungen nicht üblich war? Was war das?
  (z. B. Ballettstunden, Fußball, auf Bäume klettern)
- Wie sind Sie damit umgegangen?
  (z. B. verzichten, sich durchsetzen, heimlich tun)
- Welche Sportart haben Sie als Kind ausgeübt?
  (z. B. Leichtathletik, Fußball, Ballett, Radfahren)

Insbesondere an die Herren:

- Haben Sie früher auf dem Fußballplatz oder im Stadion auch „Ihre" Mannschaft angefeuert? Welche war das?
- Was haben Sie da alles erlebt?
  (z. B. wichtige Siege, zu Auswärtsspielen mitgefahren in entfernte Städte, Idole persönlich getroffen)
- Haben Sie selbst aktiv Fußball gespielt? In welchem Verein war das?

Im Tante-Emma-Laden

Damit die Zuhörer die Geräusche in der Geschichte akustisch begleiten können, benötigen Sie je nach Anzahl der Zuhörer Reis und Metallschalen, Papier sowie kleine Gegenstände aus Holz und Metall.

Einkaufsklänge: In der Geschichte gibt es Passagen, die mit Geräuschen unterlegt werden können. In Klammern stehen dort jeweils Hinweise dazu. Hier können die Zuhörer aktiv werden und jeder kann ein Geräusch erzeugen.
Verteilen Sie die Materialien und erläutern Sie den Zuhörern, was auf sie zukommt. Jedes Geräusch sollten Sie mit den Zuhörern vorab üben. Geben Sie ein deutliches Handzeichen, wenn es Zeit ist für die Geräusche, und machen Sie zusätzlich eine Lesepause, damit es alle mitbekommen. Dabei mitzumachen, ist natürlich freiwillig.

Ansgar steht hinter dem Vorhang im Laden seiner Tante. Er wollte nur ein paar Bonbons stibitzen, während sie am Kiosk ihre Zeitung holt. In der Zeit lässt sie den Laden offen. „Mir klaut keiner was“, sagt sie immer. Naja, so richtig geklaut hat er die Brausebonbons nicht. Zwei seiner Mitschüler bedrohen ihn und er kann sich nur mit Brausebonbons freikaufen. Nun werden sie in seiner Hosentasche immer wärmer.

„Guten Tag, Frau Hölscher“, hört Ansgar seine Tante – und kurz darauf: ***sssss-ss-s***, *(die Reiskörner in die Schale rieseln lassen)* das Rieseln der Reiskörner in die große, blecherne Schale auf der Waage. ***Klack-klack-klack***, *(mit dem Gegenstand aus Holz oder Metall auf den Tisch klopfen)* machen die kleinen Gewichte, mit denen die Tante den Reis abwiegt.
Wusch! *(Den Reis in die Schale schütten)*

Das Geräusch verrät Ansgar, dass seine Tante den Reis in die Papiertüte schüttet. ***Knister-knister!*** *(Papier zerknüllen)* Jetzt verschließt sie die Tüte mit einigen Knicken.
Ansgar überlegt, wie er unbemerkt nach draußen gelangen kann. Hoffentlich sind die Brausebonbons in seiner Tasche nicht aufgequollen, so wie er schwitzt.
Ratsch! *(Papier zerreißen)* Damit reißt die Tante den Zettel mit dem Gesamtpreis vom Block.
„Bis bald, Frau Hölscher", sagt die Tante und dann zu sich selbst: „Wenn das nur keine Mäuse sind, die da im Lager knistern."
Ehe Ansgar reagieren kann, zieht die Tante den Vorhang zur Seite und steht vor ihm.
„Was machst du denn hier?", will sie wissen.
Ansgar bleibt nichts anderes übrig, als ihr die ganze Geschichte zu erzählen.

Doch statt zu schimpfen, geht seine Tante zu den Jungen vor der Tür.
Ansgar hört, wie sie ihnen damit droht, dass sie nie mehr Brausebonbons bei ihr bekommen, wenn sie ihn weiter bedrängen. Von dem Tag an hatte Ansgar seine Ruhe.

Aktivierung zur Sinnesgeschichte

Lassen Sie erzählen …

- Welches Bild entsteht vor Ihrem inneren Auge, wenn Sie den Begriff „Tante-Emma-Laden“ hören?
- Gab es in dem Ort, in dem Sie aufgewachsen sind, noch einen kleinen Laden, in dem man alles bekam, was man brauchte?
    - Wie sah der aus?
    - Was gab es dort?
    - Wie war das Einkaufen dort?
    - Wie wurden Waren abgewogen?
    - Wie wurden die Waren verpackt?
    - Wo haben Sie oder Ihre Eltern sonst eingekauft?
- Erinnern Sie sich an Ihren ersten Einkauf in einem Supermarkt oder Kaufhaus?
- Was haben Sie mit Ihren Mitschülern erlebt? – Positiv wie negativ.
- Und welche Erinnerungen haben Sie an Großeltern, Tanten und Onkel? Verbinden Sie mit einem von ihnen etwas Besonderes? *(z. B. ein Erlebnis, einen Garten, ein Geschäft, ein Fahrzeug, ein Geschenk)*

Riechen

Süße Kirmesdüfte

„Bringt ihr mir eine Tüte von den leckeren, gebrannten Mandeln mit?", bittet Theresa ihre Eltern Felix und Anna. Die beiden betreten den historischen Jahrmarkt mit vielen Fahrgeschäften aus ihrer Jugendzeit.
„Komm, wir kaufen als Erstes die gebrannten Mandeln", schlägt Felix vor.
Anna steht und schaut. Die Sitze des Kettenkarussells, die an Metallketten hängen, sehen aus wie in ihrer Kindheit. „Damit möchte ich fahren."
Felix betrachtet das Karussell. Anna hat ja Recht. Die Mandeln können sie später holen. Er löst zwei Karten und nimmt neben Anna in einem der Sitze Platz. Hand in Hand fliegen die beiden über den Markt.
„Aber jetzt gehen wir gebrannte Mandeln kaufen", sagt Felix nach der Runde auf dem Karussell.
Anna schnuppert. „Mmh, das duftet nach Schokolade", bemerkt sie. „Da wird es sicher auch die gebrannten Mandeln geben."
Felix folgt Anna, die zielstrebig vorangeht. Doch bevor sie den Stand erreichen, kommen sie an einem Fahrgeschäft vorbei, das er sehr gut kennt. „Da ist ein alter Autoscooter", sagt er. „Damals hieß er ja noch Selbstfahrer. Lass uns eine Runde fahren."
Anna kichert. „Au ja, wie früher."
Felix besorgt einen Fahrchip und schon geht die Fahrt mit dem kleinen Fahrzeug los. Geschickt manövriert Felix an den anderen Wagen vorbei und weicht mancher Attacke eines jugendlichen Fahrers aus. Insgeheim ist er dennoch froh, als er wieder aussteigen kann.
„Da ist die Schokolade." Anna geht auf einen Stand mit Schoko-Früchten zu. Von Mandeln keine Spur. Mit einer Portion Schoko-Erdbeeren schlendern sie weiter.
„Eine Raupenbahn!", jubelt Anna und ist froh, dass sie gerade die letzte Erdbeere verspeist hat. „Damit müssen wir fahren." Sie erinnert

Felix an den ersten Kuss unter dem grünen Verdeck und ihr Mann kann nicht widerstehen.
„Aber jetzt suchen wir den Mandelstand!", erklärt Felix nach der kuscheligen Erinnerungsfahrt. Er zieht die Luft ein. Die gebrannten Mandeln duften bis zu ihnen.

Kurz vor dem Mandelstand allerdings lockt ein Flohzirkus. Gebannt verfolgt Felix, wie die winzigen Flöhe Fußball spielen und Kutschen ziehen.
„Wie schaffen Sie es, dass die Flöhe so mitmachen?", fragt er den Flohzirkusdirektor. Fasziniert lauscht er dessen Erzählung, bis eine Durchsage darauf hinweist, dass der Markt in wenigen Minuten endet.
„Schnell! Wir müssen noch gebrannte Mandeln für Theresa kaufen", drängt Felix Anna und schiebt sie zu dem Stand mit den Mandeln.

„Ich hätte gerne eine Tüte gebrannte Mandeln", bestellt er.
„Welche sollen es denn sein? Die klassischen oder welche mit Erdbeergeschmack?", fragt die hübsche Verkäuferin.
Felix versucht, sich an den Geschmack zu erinnern, doch da ist nur dieser süße Duft in seiner Nase. Und wieder die Durchsage, dass der Markt gleich endet.
„Ich nehme von jeder Sorte eine Tüte", sagt er nervös.
So wartet er wenig später mit zehn Tüten gebrannten Mandeln vor der Halle darauf, dass ihre Tochter Theresa sie abholt – und Ihre gebrannten Mandeln.

Aktivierungen zur Sinnesgeschichte

Lassen Sie erzählen …

- Welche Erinnerungen verbinden Sie mit Kirmes- und Jahrmarktbesuchen?
- Was gefiel Ihnen dort am besten?
  (z. B. Raupenbahn, Autoscooter, Achterbahn, Geisterbahn, Schiffsschaukel)
- Mit wem sind Sie besonders gerne dort hingegangen?
- Haben Sie die Kirmes in Ihrem Ort besucht oder auch berühmte Jahrmärkte?
  (z. B. Oktoberfest in München, Cannstatter Wasen in Stuttgart, Send in Münster, Pützchens Markt in Bonn, Cranger Kirmes in Herne)
- Welche Kirmesnascherei mochten Sie am liebsten?
  (z. B. Zuckerwatte, gebrannte Mandeln, Paradiesapfel, kandierte Früchte)
- Welche Düfte verbinden Sie mit einem Jahrmarkt?
  (z. B. gebrannte Mandeln, Bratwurst, Zuckerwatte)
- Haben Sie vielleicht einmal auf einem Jahrmarkt gearbeitet?
  Erzählen Sie, wie das war.

Kirmes-Nascherei

Bieten Sie Kirmes-Naschereien an. Popcorn und gebrannte Mandeln können Sie auch mit einer Kochplatte ohne Küche zubereiten.
Für das Popcorn brauchen Sie 50 g Mais, 4 EL Zucker, 3 EL Öl und eine Schüssel und einen großen Topf mit Deckel.
Für die gebrannten Mandeln brauchen Sie 200 g Mandeln, 200 g Zucker, 100 ml Wasser und eine Pfanne sowie einen flachen, großen Teller.

- **Hinweis:** Verraten Sie vorab nicht, was Sie auf den Kochplatten zaubern. Bitten Sie die Zuhörer während der Zubereitung darum, den Duft der Leckereien wahrzunehmen und zu beschreiben. Wer weiß, was Sie machen? Geben Sie den Zuhörern anschließend eine Kostprobe.
- Bringen Sie Zucker und Wasser für die gebrannten Mandeln zum Kochen, fügen Sie die Mandeln zu und rühren Sie, bis der Zucker trocken wird und leicht zu schmelzen beginnt. Wenn die Mandeln glänzen, sind sie fertig und können auf dem Teller abkühlen.
- Erhitzen Sie das Öl für das Popcorn im Topf auf höchster Stufe und rühren Sie den Zucker unter. Stellen Sie die Platte aus und geben Sie den Mais in den Topf. Kurz umrühren, schließen Sie dann sofort den Deckel. Schütteln Sie den Topf zwischendurch. Öffnen Sie den Deckel erst, wenn alle Maiskörner aufgepoppt sind.

Diebstahl im Seifenladen

„Hilfe! Meine Geldbörse wurde gestohlen!" Katharina durchwühlt nervös ihre Handtasche. Kurz bevor sie den Laden mit den schönen Seifen betreten hat, hatte sie den Geldbeutel noch in der Hand, um zu prüfen, ob sie noch genug Geld für ihre Lieblingsseife bei sich hat. Und nun ist die Geldbörse weg.
„Kann ich Ihnen helfen?", erkundigt sich eine junge Frau. An dem Kittel erkennt Katharina, dass es eine Mitarbeiterin der Seifenboutique ist.
„Jemand hat meinen Geldbeutel gestohlen, rufen Sie die Polizei!", fordert Katharina.
„Vielleicht können wir das hier klären. Schauen Sie noch einmal in Ihrer Tasche nach, gnädige Frau", bittet ein Mann, und stellt sich als Filialleiter Gernot Müller vor. „Und Sie, meine Damen und Herren, bleiben Sie bitte kurz", sagt er zu den anderen Kunden. „Vielleicht können wir den Fall sofort lösen."
Gernot Müller stellt sich vor die große, gläserne Eingangstür. „Wenn ich mich recht erinnere, hat seit Ihrem Eintreten, gnädige Frau, niemand den Laden verlassen. Dann muss die Geldbörse ja noch hier sein."
Katharina sieht die anderen Kunden an. Eine Frau in den mittleren Jahren mit getönten Haaren, deren Haaransatz silbern schimmert. Ein junger Mann in dieser weiten Hose, wie sie die Skateboardfahrer tragen. Er schaut die ganze Zeit nervös nach draußen. Was er wohl in diesem Laden will?
Und dann ist da noch eine ältere Frau, die wie eine feine Dame wirkt, der morgens jemand beim Ankleiden hilft. So recht passt die auch nicht in das Geschäft, findet Katharina.
„Wir machen es so. Sie bezahlen jetzt alle Ihre Ware und dann lade ich Sie im Nebenraum zu einem Kaffee ein", erklärt Gernot Müller. „Vielleicht legt der Dieb die Geldbörse währenddessen hier im Verkaufsraum irgendwohin."
Ein Kunde nach dem anderen zahlt. Katharina beobachtet mit Argusaugen jede Bewe-

gung. Mit dem letzten Kunden geht sie ebenfalls in den Nebenraum. Während sie dort sitzt, geht ein Kunde nach dem anderen allein in den Verkaufsraum. Katharina ist so durcheinander, dass sie am Schluss selbst auch noch in den Verkaufsraum hinübergeht. „Das gibt es doch nicht." Sie traut Ihren Augen kaum. Da liegt tatsächlich ihre Geldbörse auf der Verkaufstheke. Das Geld ist noch vorhanden. Allerdings duftet die kleine Tasche ungewöhnlich. Wie eine Seife, die Katharina einmal benutzt hat. Sie geht mit der Geldbörse von Seife zu Seife, abwechselnd saugt sie den Duft der Geldbörse und der Seifen ein. Dann weiß sie, wonach die Geldbörse riecht.

Katharina geht in den Nebenraum und flüstert Filialleiter Müller zu. „Der Dieb hat Veilchen-Seife gekauft."

Gernot Müller sieht sie an. „Das ist interessant, aber ich habe versprochen, dass dem Dieb nichts geschieht, daher spielt das keine Rolle."

Da hat er Recht, aber Katharina hätte schon gerne gewusst, ob wirklich der nervöse Skateboardfahrer der Täter ist. Sie schleicht sich an ihn heran. Aus der Tüte, in der seine Ware verpackt ist, riecht sie Rosen. Veilchenduft hingegen dringt aus einer anderen Ecke in ihre Nase. Sie dreht sich um und steht vor der feinen Dame, die hektisch wegsieht, als sie Katharinas Blick bemerkt.

„Jaja, es ist nicht alles Gold, was glänzt", sagt Katharina nur und schmunzelt.

Geldbörse © OnD | fotolia.com

Aktivierungen zur Sinnesgeschichte

Lassen Sie erzählen …

- Welchen Seifenduft mögen Sie am liebsten?
  (z. B. Veilchen, Rose, Zitrone, Patchouli)
- Mögen Sie bei Seife die Abwechslung oder benutzen Sie immer eine bestimmte Seife? Welche ist das?
- Waren Sie schon einmal in einem Fachgeschäft für Seifen? Was haben Sie dort gekauft?
- Freuen Sie sich, wenn Sie Seife geschenkt bekommen?
  - Haben Sie schon einmal eine besondere Seife geschenkt bekommen?
  - Welche war es und wer hat sie geschenkt?

- Sind Sie schon einmal bestohlen worden?
  - Was wurde gestohlen?
  - Was haben Sie dann gemacht?
  - Wer hat Ihnen geholfen?
  - Haben Sie Ihr Eigentum zurückbekommen?

Seifen-Memo

Spielen Sie mit den Senioren ein Seifen-Memo-Spiel. Dafür benötigen Sie fünf bis sechs duftende und voneinander klar unterscheidbare Seifenpaare (z. B. Rose, Zitrone, Honig, Lavendel, Ringelblume) sowie dünnes Seiden- oder Geschenkpapier, in das Sie die Seifen vorab locker verpacken, damit die Farben und Formen nicht die Paare verraten. Bringen Sie ggf. für sich selbst kleine Zeichen an den Seifen an, an denen Sie sofort erkennen, welche zu einer Sorte gehören.

- Falls ein Tisch in der Mitte der Runde steht, legen Sie die Seifen ungeordnet aus. Alternativ können Sie in größeren Runden oder falls es keinen Tisch gibt, die Seifen auf ein flaches Tablett legen und damit herumgehen.
- Wenn er dran ist, nimmt sich jeder Zuhörer eine Seife und riecht daran. Nun versucht er, die dazu passende andere Seife durch Riechen herauszufinden.
- Falls nötig, geben Sie Hilfestellung, indem Sie beispielsweise nur zwei Paare anbieten.

Auf dem Gewürzmarkt

Pedro, Erika, Martin und Isolde nehmen an einer Kaffeefahrt teil. Die Werbeveranstaltung haben sie schon hinter sich, nun geht es auf den angekündigten Gewürzmarkt. Während der Busfahrt hat Pedro keine Gelegenheit ausgelassen, darauf hinzuweisen, dass er der Experte in Sachen Gewürze ist.

„Dann zeig mal, was du kannst", fordert Martin Pedro auf, als sie vor dem ersten Stand mit fein gemahlenen Gewürzen stehen.
„Na, das ist Basilikum, das sieht doch jeder", sagt Pedro und zeigt auf ein braungrünes Pulver. „Die meisten kennen es als Blatt auf einer Pizza Margherita. Lecker!"
„Das ist nicht nur lecker, sondern stärkt die Nerven und hilft gegen Entzündungen", erklärt der Verkäufer.
Erika, Martin und Isolde sind beeindruckt.
„Das da kenne ich auch, das ist Zimt", bemerkt Isolde schnell und zeigt auf die braunen, länglichen Röllchen. Ein bisschen wurmt es sie, dass Pedro sich so in den Vordergrund spielt. Sie kennt sich auch aus. Na gut, dass Zimt den Kreislauf ankurbelt, wie der Verkäufer dann noch verrät, wusste sie nicht. Aber ihre Zimtsterne, die macht ihr so schnell keiner nach!
„Erkennen Sie dieses Gewürz?" Der Verkäufer hält ihnen ein kleines Blatt mit einem hellen Pulver hin.
„Sieht aus wie Fertigtütensuppe", stellt Martin trocken fest. Seiner Meinung nach hätte man sich diesen Ausflug sparen können.
Erika kichert, als sie den Duft erschnuppert. „Im Urlaub habe ich mal einen Schnaps getrunken, der hieß Pup-Anis."
Der Verkäufer lächelt. „Vielleicht kommt der Name daher, dass man dem Gewürz unter anderem nachsagt, dass es gegen Blähungen hilft."
Isolde bekommt einen Lachanfall und Martin verdreht die Augen. Wäre er doch nur in der Kneipe geblieben.

„Das Gewürz hier kennen Sie alle, da wette ich." Der Verkäufer hält den vier Besuchern eine Schale mit grünen, trockenen, winzigen Stäbchen hin.
„Ja, das ist klar", antworten Isolde und Erika wie aus einem Mund.
Martin guckt ihnen über die Schulter und sagt ebenfalls: „Ja!"
Nur Pedro befasst sich schon mit dem nächsten Gewürz.
„Aber das hier kenne ich", sagt er. „In Nudeln und Spinat. Lecker. Oder im Kartoffelpüree."
„Das ist Muskat", meint Martin. „Das kennt nun wirklich jeder. Aber sag mal, du Angeber, was ist das denn?"
Er zeigt auf die grünen Stäbchen, die der Verkäufer noch immer in der Hand hält.
„Ach, das ist doch kein Gewürz, das sind Tannennadeln oder so", sagt Pedro.
„Ich denke, du kennst alle Gewürze." Erika sieht Pedro an. „Und dann kennst du ganz gewöhnlichen Dill nicht?"
Pedro winkt mit der Hand ab. „Dill, das ist doch kein Gewürz, das ist Dekoration."
Da müssen die anderen doch lachen, weil Pedro sich so gut aus der Affäre gezogen hat.
Zum Abschied spendiert ihnen der Verkäufer eine Tüte Pfefferminzbonbons.

Aktivierungen zur Sinnesgeschichte

Lassen Sie erzählen …

- Haben Sie einmal an einer Kaffeefahrt teilgenommen?
  - Was haben Sie da erlebt?
  - Würden Sie an einer solchen Fahrt noch einmal teilnehmen?

- An welche Busfahrt haben Sie besonders schöne Erinnerungen?
  - Wohin führte die Fahrt?
  - Mit wem waren Sie unterwegs?

- Waren Sie schon auf einem Gewürzmarkt und haben frische Gewürze gekauft?
  - Wie wurden die Gewürze gezeigt?
    (z. B. in Schalen, in Tütchen, in Dosen)
  - Welches Gewürz haben Sie gekauft?

- Welche Gewürze mögen Sie am liebsten? Welche haben Sie beim Kochen und Backen gerne benutzt?
  (z. B. Muskat, Anis, Zimt, Basilikum, Dill, Majoran, Liebstöckel, Estragon)
- An welche Gewürze aus Ihrer Kindheit erinnern Sie sich besonders? Gibt es dazu ein besonderes Erlebnis?

Gewürz-Roulette

Besorgen Sie Gewürze, die markant duften, wie Muskat, Zimt, Anis oder Basilikum. Füllen Sie je etwas Gewürz in kleine Frischhalte- oder Filmdosen. Die Behälter sollten nicht durchsichtig sein. Alternativ können Sie auch kleine Schraubgläser verwenden, die Sie außen mit Papier bekleben. Sie benötigen für jeden Zuhörer einen Behälter. Jedes Gewürz kann mehrfach vorhanden sein.

Variante 1

- Stellen Sie die Behälter gut gemischt auf ein großes Tablett und lassen Sie jeden Zuhörer einen auswählen.
- Reihum riecht nun jeder an seinem Gewürz und versucht, es zu erkennen. Entweder kann derjenige nur das Gewürz nennen oder zusätzlich noch ein Erlebnis erzählen, das er damit verbindet.
- Interessant ist auch die Frage: Wer hat dasselbe Gewürz in seinem Behälter?

Variante 2

- Wenn Sie nur einen Behälter von jedem Gewürz haben, lassen Sie reihum an dem Gewürz riechen und Speisen nennen, die die Zuhörer damit in Verbindung bringen, z. B. Zimt mit Plätzchen, Anis mit Eiserkuchen, Basilikum mit Pizza.

Heidelindes Taschentuch

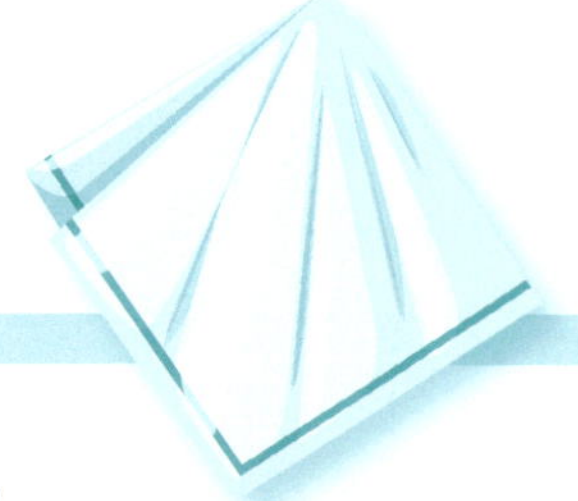

„Ach, das war ein schöner Urlaub!", schwärmt Heidelinde. Sie sitzt mit ihrem Mann Wolfram im Zug nach Hause.
„Ja, die Woche an der Mosel war wirklich schön", stimmt Wolfram zu. „Wenn jetzt endlich der Zug losfahren würde, wäre das aber auch gut."
In Gedanken versunken, zieht Wolfram ein gebügeltes Stofftaschentuch mit blauen Streifen aus der Tasche. Er macht einen Knoten und noch einen.

Plötzlich fängt Heidelinde auf dem Sitz gegenüber an, hektisch in den Taschen zu kramen. Sie leert den gesamten Inhalt ihrer Handtasche auf den kleinen Tisch unter dem Fenster.
„Was suchst du denn?", fragt Wolfram.
„Mutters Taschentuch!", schnauft Heidelinde, ohne den Blick von der Tasche zu heben. „Es ist weg!"
„Mein Gott, du hast doch noch andere Taschentücher!"
Wolfram schüttelt den Kopf und wendet sich wieder seiner Taschentuchkunst zu. Man kann den kleinen Hasen schon sehr deutlich erkennen. Ein bisschen zurückdrücken muss er das Tuch noch.
„Aber Mutters Taschentuch ist nicht irgendein Taschentuch!" Heidelinde schluchzt.
Die Mitreisenden schauen neugierig herüber. Schnell löst Wolfram die Knoten aus seinem Taschentuch und reicht das Tuch seiner Frau. Heidelinde tupft die Tränen aus dem Gesicht. „Das Taschentuch hat Mutter immer bei sich getragen."
„Dann hat es genug Jahre auf dem Buckel und darf das Zeitliche segnen", findet Wolfram.
Heidelinde schluchzt wieder auf. „Sie hat immer 4711 Echt Kölnisch Wasser darauf getan. Das konnte ich heute noch riechen. Kein Taschentuch duftet so gut."
Wolfram seufzt. Er zieht aus seiner Jackentasche ein weiteres Taschentuch, noch

unbenutzt und schön glatt gebügelt. Er riecht daran. Das Taschentuch riecht zwar nicht nach 4711 Echt Kölnisch Wasser, aber irgendetwas riecht er.
„Das ist doch dein Taschentuch!", schnaubt Heidelinde und steht von ihrem Sitz auf, um den Koffer aus dem Gepäcknetz zu holen.
„Ich betupfe mein Taschentuch auch immer mit Parfüm", mischt sich Wolframs Sitznachbarin in das Gespräch ein.
„Meine Frau gibt immer einen Tropfen meines Rasierwassers auf das Tuch", erklärt der Mann, der direkt am Gang sitzt.

Während die Mitfahrer sich über ihre Taschentuchgewohnheiten austauschen, öffnet Heidelinde den Koffer.
Wolfram fällt ein, dass er seine Wäsche nicht gerade ordentlich in den Koffer gelegt hat.
Das muss wirklich nicht jeder wissen.
„Du kannst doch zu Hause im Koffer nachschauen", versucht er, Heidelinde zu bremsen.
„Ohne das Taschentuch reise ich nicht ab!", verkündet Heidelinde. „Eher steige ich wieder aus und suche die ganze Stadt ab."
Sie wirkt so entschlossen, dass Wolfram ihr sofort glaubt. Es wird Zeit, dass er aktiv wird.
„Wie sieht das Taschentuch denn aus?", will er wissen.
„Das musst du doch wissen. Es ist das weiße Taschentuch mit der gelben Spitze! Mutter hat es selbst umhäkelt!", antwortet Heidelinde und schluchzt erneut auf.
Wolfram überlegt, wie er unbemerkt an ein solches Taschentuch kommt.
Ein Rucken geht durch den Zug. Wenigstens fährt der Zug und Heidelinde kann ihre Drohung nicht wahrmachen. Da müsste sie schon aus der fahrenden Eisenbahn springen.
Als Heidelinde bemerkt, dass der Zug rollt, wird ihr Schluchzen lauter. „Das geht doch

nicht! Mutters Taschentuch!", jammert sie. Sie reißt an den Schnallen, mit denen der Koffer verschlossen ist.

Wolfram spürt, dass er rot wird. Was kann er nur tun, damit der vermaledeite Koffer geschlossen bleibt.

„Ihre Fahrkarten, bitte!" Mit diesen Worten schiebt der Schaffner die Abteiltür auf. Wolfram sieht zu ihm hin und da sieht er auf dem Boden im Gang etwas Weißes blitzen.

„Darf ich mal?", fragt er.

Doch der Schaffner will zuerst seine Karte sehen.

Endlich kann Wolfram in den Gang huschen. Erleichtert sieht er auf dem Boden das weiße Taschentuch mit gelber Spitze. Er hebt es an die Nase. Fast kommt es ihm vor, als röche es ein wenig nach 4711 Echt Kölnisch Wasser.

Aktivierungen zur Sinnesgeschichte

Lassen Sie erzählen …

- Welche Erinnerungen haben Sie ans Zugfahren?
  - Wohin sind Sie gefahren?
  - Wer hat Sie begleitet?
  - Welche besonderen Vorkommnisse gab es?

- Welcher Gegenstand ist für Sie so wichtig wie für Heidelinde das Taschentuch Ihrer Mutter?
  - War der Gegenstand ein Geschenk? Falls ja, von wem?
  - Birgt er eine besondere Erinnerung?
  - Wie lange besitzen Sie diesen Gegenstand schon?

- Verbinden Sie Düfte mit bestimmten Personen?
- An welche Düfte denken Sie im Zusammenhang mit Taschentüchern oder anderer Wäsche?
  (z. B. Lavendel, Rasierwasser, Mottenkugeln)
- Mit welchen Waschmitteln wurde in Ihrer Kindheit gewaschen?
  (z. B. Persil, OMO, Dixan)
- War es bei Ihnen üblich, Wäsche mit Parfüm oder anderen Düften zu besprühen?
- Haben Sie früher auch aus Stofftaschentüchern mit wenigen Knoten Hasen, Mäuse oder andere Tiere gemacht? Welche? Wissen Sie noch, wie das geht?

Taschentuch-Spaß

Besorgen Sie Stofftaschentücher – alternativ gehen auch Papiertaschentücher – und verschiedene Düfte, wie Parfüms und Rasierwasser (z. B. Old Spice, 4711 Echt Kölnisch Wasser, Guerlain Shalimar) sowie Waschpulver, Weichspüler oder Spülmittel.

- Geben Sie jeweils ganz wenig (!) Flüssigkeit auf die Taschentücher.
- Reichen Sie die Taschentücher einzeln herum und bitten Sie die Teilnehmer, zu erzählen, wonach sie duften und woran die Düfte sie erinnern.
- Wenn Sie Stofftaschentücher nutzen, knoten Sie doch auch Taschentuch-Tiere:

  Hase:

  - Falten Sie das quadratische Taschentuch einmal diagonal, sodass es zum Dreieck wird.
  - Rollen Sie es an den Ecken beginnend auf.
  - Falten Sie es in der Mitte. Nehmen Sie das geschlossene Ende in die eine und die losen Enden in die andere Hand.
  - Schlingen Sie die losen Enden um die Mitte und schieben Sie sie durch die entstandene Schlaufe.
  - Ziehen Sie sie etwas auseinander und rücken Sie das Taschentuch ein wenig zurecht und schon ist ein Hase fertig.

Vielleicht erinnern sich die Zuhörer an weitere geknotete Tiere. Zusätzliche Anregungen finden Sie im Internet.

Fühlen

Tapeten für den Flur

Christine und ihr Mann Udo stehen vor dem Baumarkt.
„Hach, ich freue mich schon so darauf, die Tapeten für den Flur auszusuchen!" Christine sieht ihren Mann mit einem Strahlen im Gesicht an.
Udo versteht zwar nicht, was an Tapeten für einen kleinen Flur so besonders sein soll. Aber wenn Christine sich freut. Hauptsache, die Auswahl dauert nicht so lange. Er hat sich für Mittag mit seinem Freund Edwin zum Fotografieren verabredet.

Christine und Udo betreten den Baumarkt. Die Tapetenabteilung ist schnell gefunden.
„Wir brauchen eine helle Tapete", erklärt Udo seiner Frau, die schon eine Tapete nach der anderen anfasst. Was das soll? Farben kann man doch nicht fühlen!
„Die hier könnten wir nehmen", meint Christine. „Fühl mal. Sie fühlt sich samtig an wie unsere Wohnzimmercouch."
Udo betrachtet die Tapete. Sie ist hellbeige. Er hätte lieber einen hellen Grauton, aber wenn Christine damit glücklich ist. „Dann nehmen wir die doch", findet er und sieht sich in Gedanken schon im Bistro einen Kaffee trinken.
„So schnell geht das nicht", widerspricht Christine.
Udo seufzt. Ade, Zweitfrühstück! Doch die nächste Bemerkung Christines macht ihn stutzig.
„Außerdem brauchen wir drei Tapeten!", sagt Christine.

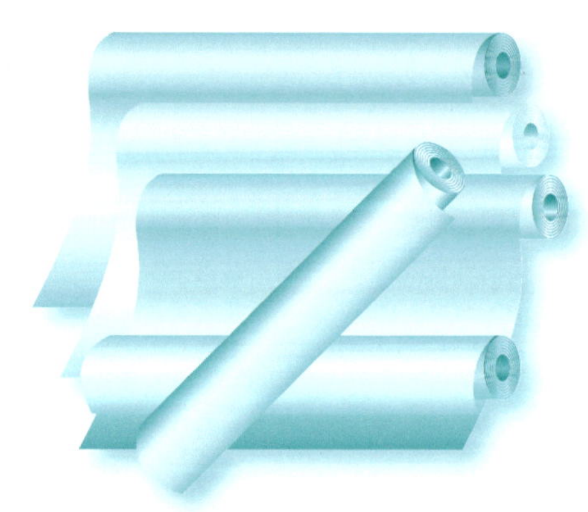

Tapetenrollen © La Gorda | fotolia.com

„Drei Tapeten?" Udo muss seine Stimme drosseln. Die anderen Kunden drehen sich schon zu ihm um. „Du weißt aber schon, dass das ein kleiner Flur ist? Was wollen wir mit drei Tapeten?"
„Fühl mal die hier, die ist nicht so samtig wie die andere, hat aber weiche Stellen, die passt zum Schlafzimmer." Christine geht nicht auf Udos Einwand ein.
Als er den Mund öffnet, um ihr erneut zu widersprechen, jubelt sie: „Oh, fühl doch mal. Die fühlt sich an, als hätte jemand eine Tüte Reiskörner ausgeschüttet."
„Das ist eine besondere Raufaser-Tapete", meldet sich eine Verkäuferin. „Sie ist optimal für Ihre Küche, weil sie abwaschbar ist."
„Wir nehmen für den Flur davon eine Rolle und von der samtigen da hinten und von der weichen", verkündet Christine und hakt sich bei Udo unter. „Dann können wir jetzt sogar noch ein zweites Frühstück einnehmen."
Udo schüttelt den Kopf.
„Möchten Sie die Tapeten zur Ansicht mitnehmen?", erkundigt sich die Verkäuferin.
„Nein, nein, die brauchen wir", antwortet Christine.
„Drei verschiedene Tapeten in einem Flur?", vergewissert sich die Verkäuferin.
Udo ist froh, dass sie die Frage stellt, die ihm auf der Zunge lag.
„Ja klar", sagt Christine, als wäre es völlig selbstverständlich, dass in einem kleinen Flur drei verschiedene Tapeten geklebt werden.
„So können wir im Dunkeln fühlen, welche Tür in welches Zimmer führt: Die Tür neben der weichen Tapete ins Schlafzimmer, die neben der samtigen Tapete ins Wohnzimmer und neben der Tapete mit den kleinen Körnern befindet sich die Tür zur Küche!"

Aktivierungen zur Sinnesgeschichte

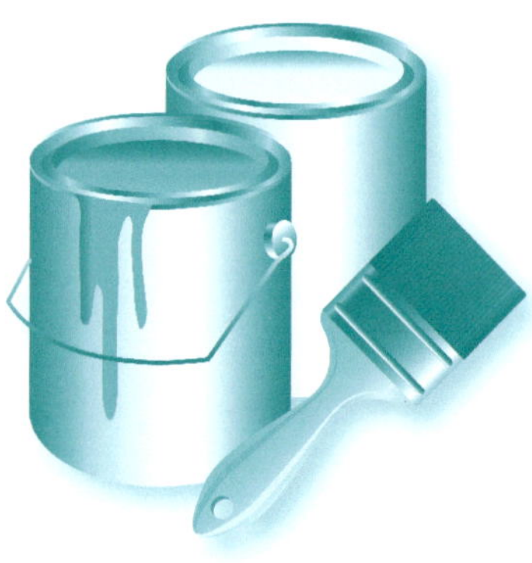

Lassen Sie erzählen …

- Welches Zimmer oder welche Wohnung haben Sie selbst renoviert?
- Wie sah der Flur im Haus oder der Wohnung Ihrer Kindheit aus?
- Sind Sie früher gerne in Baumärkte gegangen oder vielleicht lieber in kleine Farbenfachgeschäfte, Eisenwarenhandlungen oder Baustoffhandlungen? Warum?
- Welche Aktivitäten haben Sie früher gerne zusammen mit Freunden unternommen? *(z. B. fotografieren, wandern, kegeln, Handarbeiten)*

Fühlen und Raten

Vielleicht haben Sie ein Musterbuch für Tapeten zur Verfügung. Dann können Sie dies zum Einsatz bringen und möglichst unterschiedlich strukturierte Tapeten auswählen. Alternativ können Sie verschiedene Materialien mit unterschiedlichen Strukturen beschaffen, z. B. Schmirgelpapier, Filtertüte, Watte, Kissenbezug, Alufolie oder Leder.

- Legen Sie die Tapetenstücke oder die verschiedenen Materialien in die Mitte des Tisches oder auf ein großes Tablett, das Sie in die Runde geben oder zu den Zuhörern tragen können.
- Lassen Sie verschiedene Strukturen befühlen und sich erklären, was die Zuhörer wahrnehmen. Vielleicht können Parallelen zu anderen Dingen gezogen werden, wie etwa zum Reis bei der Raufasertapete in der Geschichte. Falls den Zuhörern nichts einfällt, geben Sie Hilfestellung und bringen Sie selbst Ideen ein.

Knisterndes Herbstlaub

„Die Sonne scheint so schön, genau das passende Wetter für einen Herbstspaziergang." Mit diesen Worten betritt Isolde den Aufenthaltsraum der Seniorenresidenz, in der sie seit zwei Jahren lebt.
„Das ist eine gute Idee, ich bin dabei", sagt Cynthia sofort. Auch Norbert, Evelyn und Fritz stimmen Isoldes Vorschlag zu.
„Am besten gehen wir gleich los", meint Fritz. Lebhaft tauscht die Gruppe sich aus, wohin der Weg sie führen könnte und welche Strecke schön, aber nicht zu stark ansteigend ist. Da fällt Isoldes Blick auf Thea, die mit traurigem Gesicht weiter am Tisch sitzt. Isolde will schon fragen, ob sie nicht mitkommen mochte, als ihr Blick auf Theas Fuß im Verband fällt.
Thea ist gefallen und hat sich den Fuß verstaucht. Ein Spaziergang kommt für sie nicht Infrage.
„Wartet!", ruft Isolde. „Thea kann doch nicht mit!"
Die anderen sehen sich an. Jeder kann erkennen, dass Isolde zwischen Mitleid für Thea und der Vorfreude auf einen Herbstspaziergang schwankt.
„Geht ruhig, ich kann ja fernsehen", sagt Thea.
„Wir könnten dich im Rollstuhl schieben", schlägt Norbert vor. Doch jeder weiß, dass das nicht dasselbe ist wie ein Spaziergang. Zumal sie alle nicht so fit sind, dass sie mit Leichtigkeit einen Rollstuhl über längere Strecken schieben könnten.
„Wirklich! Geht ihr ruhig", wiederholt Thea. „Ihr könnt mir erzählen, wie es war."

Eine Stunde später kommt Isolde ausgelassen und mit einem geheimnisvollen Lächeln im Gesicht zurück in den Aufenthaltsraum.
„Und wie war's?", will Thea wissen.
„Sehr schön, aber warte noch ein wenig", antwortet Isolde und verlässt das Zimmer.

Wenig später kommt sie zurück. Hinter ihr Norbert mit einem großen, flachen Pappkarton, in dem vor Kurzem der neue Flachbildfernseher verpackt gewesen war. Ihm folgen Evelyn, Fritz und Cynthia mit Plastiktüten. Den Karton legt Norbert aufgeklappt vor Thea auf den Boden. Thea schaut ihn fragend an. Die anderen leeren ihre Tüten in den Pappkarton aus. Wie Schnee rieseln rote, gelbe und braune Blätter auf die Pappe. Am Ende ist der ganze Karton bedeckt.

„Nun kannst du auch im Herbstlaub spazieren gehen", erklärt Isolde Thea und hilft ihr, mit dem verbundenen Fuß durch das Laub zu schreiten.

Thea stehen Tränen in den Augen. „Vielen Dank", sagt sie ein ums andere Mal. Sie nimmt Blätter in die Hand und zerreibt sie zwischen den Fingern. Wie sich das anfühlt, wie Herbst und Kindheit. Damals ist sie jeden Tag in Berge aus Laub gesprungen und hat die schönsten Blätter aufbewahrt, um Bilder daraus zu gestalten. Sie erzählt davon und sofort geht Cynthia los und holt Papier und Klebstoff. Wenig später sitzen sie am Tisch und basteln Blattcollagen wie früher.

Aktivierungen zur Sinnesgeschichte

Lassen Sie erzählen …

- An welchen Herbstspaziergang erinnern Sie sich besonders gerne?
  - Wo waren Sie spazieren?
  - Wer hat Sie begleitet?
  - Was war so besonders an dem Spaziergang?

- Wie war das in Ihrer Kindheit? Sind Sie auch in Laubberge gesprungen? Wie fühlte sich das an? Und was sagten die Erwachsenen dazu?
- Haben Sie auch mit Herbstlaub kreativ gearbeitet? Was haben Sie gemacht?
  (z. B. Bildcollagen erstellt, Blätter in eine Vase gestellt)
- Welche anderen herbsttypischen Dinge haben Sie gesammelt?
  (z. B. Kastanien, Eicheln, Bucheckern)
- Was haben Sie damit gemacht?
  (z. B. an Wildtiere verfüttert, gebastelt, verfeuert)
- Welche besonderen Traditionen oder Bräuche verbinden Sie mit dem Herbst?
  (z. B. Drachen steigen lassen, Erntedankfest, Kürbis oder Runkel [Futterrübe] schnitzen, Oktoberfest [Jahrmarkt], Friedhofsbesuch, Weinlese)
- Welche Jahreszeit mögen Sie am liebsten und warum?
  (z. B. Herbst – weil er so bunt ist, Winter – wegen des Schnees und weil es drinnen so gemütlich ist, Frühling – wegen des ersten Grüns und der Blumen, Sommer – wegen der Wärme und der Sonne und der Ernte im Garten)

Herbstlicher Blätterspaß

Besorgen Sie trockenes Herbstlaub von unterschiedlichen Bäumen oder Verpackungschips bzw. Wattebäusche, ein Tablett, eine Schachtel und kleine Gegenstände, wie Schlüssel, Würfel, Ring, Knopf.

Variante 1

- Legen Sie das Laub auf ein Tablett. Es kann ruhig durcheinander sein und muss nicht ordentlich nebeneinanderliegen.
- Stellen Sie das Tablett auf einen Tisch zwischen die Zuhörer, sodass alle gleichzeitig in dem Laub wühlen können. Oder Sie gehen mit dem Tablett herum und lassen jeden einmal das Laub befühlen und daran riechen.

Variante 2

- Füllen Sie das Laub in eine Kiste oder eine große Schale und verstecken kleine Gegenstände darin (z. B. einen Knopf, einen Löffel, einen Ring), die die Zuhörer durch Tasten finden.
- Falls es nicht gerade Herbst ist, können Sie alternativ zum Laub auch Füllmaterial/Verpackungschips aus Styropor verwenden oder einfach eine Schale mit Wattebäuschen füllen. Darin können Sie ebenfalls kleine Gegenstände versenken, die die Zuhörer mit den Händen suchen.

Frühjahrsbasteln

In der Kirchengemeinde ist Bastelnachmittag. Veronika würde gerne dorthin gehen, aber ihr Mann Ewald findet die Idee albern.
„Das ist doch was für Kinder!", schnaubt er, als sie ihn zum dritten Mal anspricht. „Ich geh doch nicht in den Kindergarten!"
Veronika denkt lange nach. Sie hat schon so viele Argumente vorgebracht. Alle hat ihr Mann abgeschmettert.
„Ok", sagt sie schließlich. „Machen wir es doch so. Du gehst mit zum Bastelnachmittag und ich gehe mit zum Steckenpferd-Rennen."
Ewald sieht sie mit großen Augen an. „Du! Mit zum Steckenpferd-Rennen? Du sagst doch immer, das ist Kinderkram, wenn erwachsene Männer auf Holzpferden um die Wette reiten."
Veronika lächelt ihren Mann an. „Kinderkram gegen Kinderkram eben!"
Dagegen kann Ewald nichts einwenden und so machen sie sich wenig später auf den Weg ins Gemeindehaus.
„Ach, Ewald, das ist ja schön, dass du kommst", wird Ewald von einem Mann begrüßt.
„Guten Tag, Peter, dich habe ich hier nicht erwartet", grüßt Ewald zurück. Mit seinem Kegelbruder Peter hat er an diesem Ort nicht gerechnet. Er fühlt sich gleich wohler.
„Ich dachte schon, ich wäre der einzige Hahn im Korb", scherzt Peter und zeigt auf die Tische in dem Raum. Dort sind wirklich nur Frauen und Kinder beschäftigt. Genau wie Ewald es sich vorgestellt hat.
„Na, dann lass uns mal gucken, ob wir helfen können", meint er großspurig.
„Ich dreh eine Runde mit Peter", sagt Ewald zu Veronika, die schon am ersten Tisch Ostereier mit Filz beklebt.

„Geh nur“, nickt Veronika und ist froh, dass Ewald Gesellschaft gefunden hat.
Veronika geht von Tisch zu Tisch. Schneidet Ostergirlanden aus dem Seidenpapier, das sich tatsächlich ein wenig seidig anfühlt. Sie beklebt Grußkarten mit Eiern aus Samtfolie und dreht Eierbecher aus Wellpapier.
Irgendwann wundert sie sich, dass Ewald nichts von sich hören lässt. Ob er einfach gegangen ist? Sie schaut sich suchend in alle Richtungen um.
In der Ecke des Raumes ist ein Tisch, an dem Kinder werkeln. Dort sitzen Peter und Ewald und bekleben einen Schuhkarton. Das muss Veronika sich genauer ansehen. Sie geht zu dem Tisch, auf dem ebenfalls Seidenpapier und Samtfolie, Wellpapier und Tonkarton liegen. Was gebastelt wird, kann sie nicht erkennen.
„Was machst du denn da?“, erkundigt sich Veronika bei ihrem Mann.

Ewald sieht zu ihr auf. Er ist ganz rot im Gesicht vor Aufregung und Anstrengung.
„Das wird ein Guckkasten!“, erklärt er. „Genauso einen hatte ich als Junge, der ist irgendwann verloren gegangen. Jetzt baue ich mir einen neuen. Dieser Bastelnachmittag ist wirklich eine tolle Idee!“
Veronika lächelt, schweigt und hofft, dass sie das nach diesem ominösen Steckenpferd-Rennen auch sagen kann.

Aktivierungen zur Sinnesgeschichte

Lassen Sie erzählen …

- Mit welchen Materialien haben Sie als Kind gerne gebastelt?
  (z. B. Tonpapier, Pfeifenputzer, Seidenpapier, Eicheln, Kastanien)
- Und was haben Sie als Erwachsener gebastelt oder gewerkt?
  (z. B. Fensterbilder, Grußkarten, Guckkästen, Vogelhäuser)
- Haben Sie auch zu Ostern Dekoration gebastelt? Welche? Besitzen Sie sie noch?
  (z. B. Ostergirlanden, Dekoration zum Hängen)
- Kennen Sie Guckkästen? Haben Sie einmal einen gebaut? Welche Szene war darin zu sehen?
- Kennen Sie Steckenpferde? Die Holzstangen mit Pferdekopf eignen sich prima für kleine Wettrennen. Was haben Sie damit gespielt?

Oberflächen-Memo

Sie benötigen Materialien mit verschiedenen Strukturen, wie Filz, Wellpapier, Seidenpapier, Transparentpapier, Tonkarton bzw. Strukturpapier, z. B. Tapete.

- Schneiden Sie aus jedem Material je zwei gleich große Stücke (ca. 9 x 9 cm). Für eine bessere Griffigkeit können Sie die Materialien auch auf Bierdeckel kleben.
- Legen Sie die Papiere auf den Tisch und lassen Sie die Zuhörer mit geschlossenen oder verbundenen Augen die Paare suchen.

Im Stoffladen

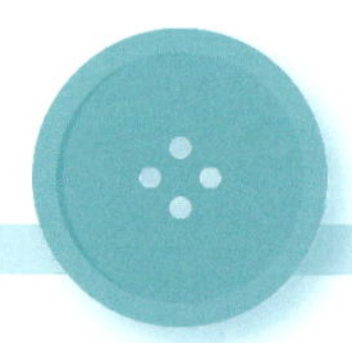

„Guten Tag, womit kann ich Ihnen helfen?", erkundigt sich der Verkäufer des Stoffladens, den Elvira und Penelope betreten.
„Ich brauche einen Knopf", sagt Elvira und holt eine Weste aus der Tasche.
Während der Verkäufer mit Elvira zu dem Regal mit den Knopfgläsern geht, schlendert Penelope an den Brettern mit den Stoffballen entlang.
„Oh, der Stoff ist aber schön!", ruft sie, als sie vor einem Stoffballen mit weinrotem Samt steht. „Genau aus solch einem Stoff war das Kleid, das ich zum Abschlussball getragen habe."
„Das ist aber lange her", antwortet Elvira, während sie den gekauften Knopf verstaut.
Elvira achtet nicht auf den Einwurf. „Den Stoff hätte ich gerne", sagt sie.
Schon steht der Verkäufer neben ihnen. „Wie viele Meter brauchen Sie denn? Soll es für ein Kleid sein, einen Blazer, eine Hose oder eine Weste?"
Penelope sieht Elvira an.
„Ich kann nicht nähen!", erklärt Elvira.
„Ich auch nicht", gibt Penelope kleinlaut zu.
„Aber der Stoff ist so schön."
Der Verkäufer betrachtet die beiden mitleidig. Dann verschwindet er ins Lager und kommt wenig später mit einem Kissenbezug aus dem weinroten Samt zurück.
„Den hat die Chefin zur Probe genäht", berichtet er. „Aber wenn Sie möchten, kann ich Ihnen den verkaufen."
Elvira nickt glücklich. So kann sie immer an ihr schönes Kleid vom Abschlussball denken, wenn sie auf dem Sofa sitzt und den Stoff fühlt.

Aktivierungen zur Sinnesgeschichte

Lassen Sie erzählen …

- Welchen Stoff mögen Sie am liebsten? Wie fühlt er sich auf der Haut an?
  (z. B. Leinen, Wolle, Samt, Seide, Taft, Organza, Satin, Filz, Flanell, Bouclé)
- Haben Sie selbst Kleidung für sich und Ihre Familie genäht oder Stücke bei einem Schneider in Auftrag gegeben? Welche waren das?
- Wo haben Sie früher Ihren Stoff gekauft?
  (z. B. Stoffladen, Stoffmärkte)

Stoffprüfung

Für diese Aktivierungsidee benötigen Sie Stoffe mit unterschiedlichen Strukturen, z. B. Tüll, Samt, Fleece, Jeans … Optimal wäre, wenn Sie davon Stücke abschneiden könnten, aber es lassen sich auch ganze Kleidungsstücke einsetzen.

- Jeder Zuhörer streicht sich mit jedem Stoff einmal über den bloßen Arm und erzählt, wie sich das anfühlt.
- Danach schließt ein Freiwilliger die Augen und Sie oder ein Teilnehmer streicht ihm mit einem Stoff über die Haut. Derjenige versucht, zu erraten, um welchen Stoff es sich handelt. Wenn es schwerfällt, helfen die anderen oder Sie, indem sie weitere Eigenschaften des Stoffes beschreiben.

Schmecken

Die neue Saftbar

Abwartend stehen Alfons, Ingeborg, Renate und Volker vor der Saftbar, die heute in der Nachbarschaft eröffnet.

„Puh, ich hätte nicht gedacht, dass so viele Leute zur Eröffnung einer Saftbar kommen." Alfons stöhnt. „Wir hätten lieber in die Kneipe gehen sollen."

„Du verpasst doch nichts, wenn du hier in der Sonne stehst und mit uns wartest", entgegnet Ingeborg. „Stell dir einfach den leckeren Geschmack eines Johannisbeersaftes vor." Sie kramt in ihrer Tasche. „Hier, nimm noch ein Bonbon, dann kannst du nicht mehr nörgeln."

„Das dauert aber wirklich ewig", findet Volker. Er reckt sich, um über die Menschenansammlung vor dem kleinen Laden zu blicken.

„Mein Gott, die sind ja auch nur zu zweit. Prost Mahlzeit. Das dauert, bis ich meinen frischen Pfirsich-Maracuja-Saft habe!"

„Ich guck mal, was da los ist", sagt Renate und verschwindet in dem Getümmel.

„Was will sie jetzt da?", fragt sich Volker. Ingeborg zieht nur die Schultern hoch. Alfons zeigt mit dem Finger auf seinen Mund, um zu signalisieren, dass er wegen des Bonbons nicht antworten kann. Ingeborg schmunzelt. Vielleicht hätte sie Alfons vorher sagen sollen, dass das Bonbon ein sehr klebriges Kaubonbon ist. Aber sie war seine Nörgelei leid.

„Hey, es geht weiter!", freut sich Volker und strahlt über das ganze Gesicht.

Und wirklich. Während die Wartenden vorher höchstens alle fünf Minuten einen Schritt nach vorn rückten, kommen sie nun im Minutentakt voran.

Alfons, Ingeborg und Volker halten immer wieder nach Renate Ausschau. Aber die scheint wie vom Erdboden verschluckt.

„Pech gehabt", sagt Alfons gerade, als sie die Theke in der Saftbar erreichen und er die Karte studiert.

„Hier, wolltest du nicht Johannisbeersaft?“, hört er Renates Stimme.
Alfons entdeckt Renate hinter der Theke.
„Was machst du denn da?“, fragt er verblüfft.
„Ich bin doch gelernte Hauswirtschafterin“, erzählt Renate, während sie nebenbei die Getränke zubereitet. „Als ich sah, wie chaotisch das hier zuging, habe ich mich kurzerhand hinter die Theke gestellt.“ Sie deutet mit dem Kopf auf die jungen Leute, die hinter ihr Obst schneiden und pürieren. „Die beiden sind Aushilfen, der Inhaber ist krank geworden, da konnte man die Eröffnung nicht mehr absagen.“
Ingeborg, Volker und Alfons sind beeindruckt.
„Das ist ja toll, dass du das kannst!“, findet Volker. „Ich habe noch nie einen so leckeren Pfirsich-Maracuja-Saft getrunken.“
„Genau, der Orangensaft mit dem Schuss Apfelsaft ist auch sehr lecker“, stimmt Ingeborg zu.

Renate hört das schon nicht mehr, weil sie in Windeseile die nächsten Kunden bedient. Sie freut sich, dass sie einsetzen kann, was sie gelernt hat, und vielleicht darf sie hier gelegentlich aushelfen und wenn sie nur die neuen Säfte vorkostet.

Aktivierungen zur Sinnesgeschichte

Lassen Sie erzählen …

- Welchen Saft oder welche Saftschorle trinken Sie am liebsten?
- Welche Säfte gab es in Ihrer Kindheit und wie wurden sie getrunken?
- Welchen Beruf haben Sie erlernt? Gibt es heute noch Gelegenheiten, in denen Sie die Fähigkeiten einsetzen können?

Saftprobe

Sie benötigen möglichst viele unterschiedliche Säfte (kleben Sie die Etiketten ab oder füllen Sie die Säfte in Karaffen um) und für jeden Zuhörer ein kleines Glas. Darüber hinaus sollten Sie Wasser bereithalten.

- Füllen Sie die Gläschen mit einem Saft und bitten Sie die Zuhörer, zu kosten.
- Wenn alle probiert haben, können sie sich austauschen: Wonach schmeckt der Saft *(z. B. süß, sauer, bitter, fruchtig)* und welcher könnte es sein?
- Wenn alle ihre Meinung abgegeben haben, lösen Sie auf, welcher Saft im Glas war.
- Füllen Sie die Gläser mit Wasser und bitten Sie die Zuhörer, dieses zu trinken, um das Glas und die Geschmacksnerven zu neutralisieren, ehe Sie den Saft für die nächste Runde ausschenken.
- Mit experimentierfreudigen Zuhörern können Sie Saftmixgetränke zusammenstellen und ausprobieren, wie diese schmecken. Lassen Sie sich die Säfte nennen, die gemischt werden sollen. Mischen Sie diese und am Ende dürfen alle, die mögen, probieren.

Schokofondue

„Aber komm heute pünktlich nach Hause, die Brennbauers kommen zu Besuch!", ruft Johanna ihrer Mitbewohnerin Erika hinterher. „Ja-ha!", antwortet Erika aus dem Treppenhaus und ist mit ihrem Tischtennisschläger verschwunden. Verschwunden aus ihren Gedanken ist auch der Besuch der Nachbarn aus dem dritten Stock. Erika hat ein wichtiges Turnier.

Während Erika an der Tischtennisplatte kämpft, kämpft Johanna mit der Schokolade. Sie hat Wilfried und André Brennbauer ein Schokoladenfondue versprochen. Die Erdbeeren hat sie schon hübsch auf einem Teller angerichtet und die Stückchen der frischen Ananas liegen in einem Schälchen.

„Dann wollen wir mal", wiederholt Johanna schon zum dritten Mal. Warum hat sie nur dieses Versprechen abgegeben? Sie hasst Schokolade im Wasserbad, aber so steht es in dem Rezept. Es ist ein besonderes Rezept mit Milchschokolade.

Um sich die Arbeit zu erleichtern, hat Johanna Schokolade gekauft, deren Stückchen bereits einzeln in der Schachtel sind. So muss sie diese nur in den Topf werfen.

„Mmh, die ist wirklich lecker!", findet Johanna, denn zwischendurch wandert ein Stückchen in ihren Mund statt in den Topf. Zum Glück hat sie genug Schokolade gekauft und als es klingelt, hat sie endlich eine schöne, braune, weiche Masse. Die muss sich jetzt noch ein wenig erhitzen und nach dem Aperitif kann es mit dem Fondue losgehen.

„Ihr kommt genau passend", empfängt Johanna die Nachbarn.

Auch Erika ist dabei. Das passt perfekt! Johanna führt die Gäste ins Wohnzimmer und schenkt ihnen einen Aperitif ein.

Während Johanna mit den Gästen plaudert, bringt Erika ihre Sachen weg, springt schnell unter die Dusche und geht noch am Kühlschrank vorbei.

„Das duftet aber gut", schwärmt sie beim Betreten des Wohnzimmers.
„Schön, dass du da bist. Dann bereite ich jetzt alles vor und es kann gleich losgehen."
Johanna steht auf und geht in die Küche.
„Nein!", schreit sie wenig später.
Erika, Wilfried und André stürzen in die Küche.
Johanna steht da und hält einen leeren Teller in der Hand. „Die Erdbeeren sind weg!"
„Ja, klar, die habe ich gegessen", sagt Erika. „Ich hatte so einen Hunger nach dem Turnier. Von den Ananas habe ich noch ein paar Stückchen übrig gelassen."
Johanna sinkt auf den Küchenstuhl. „Aber das Obst war für das Schokoladenfondue!"
„Oh!", mehr kriegt Erika nicht heraus.
Wilfried und André sehen sich in der Küche um. Wilfrieds Blick fällt auf die Blätterteigstangen und die Erdnussflips, die Johanna für den zweiten Teil des Abends bereitgestellt hat.

„Dann essen wir eben Schokoladenfondue mit Knabbergebäck!", schlägt er vor. „Das ist zwar nicht so gesund, könnte aber sehr gut schmecken."
Und es schmeckt sehr gut. So gut, dass sich alle vier vornehmen, diesen Abend bald zu wiederholen. Und dann wird es wieder Knabbergebäck zur Schokolade geben und Erdbeeren zum Naschen.

Aktivierungen zur Sinnesgeschichte

Lassen Sie erzählen …

- Welches Fondue essen Sie am liebsten?
  (z. B. Fondue mit heißem Fett, Fondue mit Brühe, Käsefondue, Schokoladenfondue)
- Welche Zutaten sind Ihnen beim Fondue die liebsten?
  (z. B. Fleisch, Brot, Gemüse, Obst)
- Bei welcher Schokoladensorte schmelzen Sie dahin?
  (z. B. Vollmilch, Zartbitter, Nuss, Erdbeere, weiße Schokolade)
- Haben Sie schon einmal in einer Wohngemeinschaft gelebt? Wenn ja, welche lustigen Erlebnisse sind Ihnen besonders in Erinnerung?
- Kennen Sie das: Sie haben etwas eingekauft und jemand anders isst es weg, ehe Sie es selbst essen oder für ein bestimmtes Gericht nutzen können?
- Was war das? Und wie haben Sie die Situation gerettet?
- Haben Sie gerne Freunde zum gemeinsamen Essen eingeladen? Was haben Sie an solchen Abenden serviert?

Schokoladiger Genuss

Für ein Schokofondue benötigen Sie 500 g Schokolade und 200 ml Sahne, einen großen Topf und einen kleinen (Emaille-)Topf sowie frisches Obst, Fondue-Gabeln und Teller für jeden. Alternativ können Sie auch mit verschiedenen Sorten Schokolade und kleinen Tellern eine Schokoladenverkostung vorbereiten.
Vorab sollten Sie Unverträglichkeiten und Allergien der Zuhörer ausschließen.

Variante 1

- Schmelzen Sie die Schokolade im Wasserbad und rühren Sie die Sahne unter.
- Lassen Sie die Zuhörer das Obst darin eintauchen oder übernehmen Sie das und verteilen Sie anschließend das Schoko-Obst.

Variante 2

- Brechen Sie die Schokoladen in sehr kleine Stücke, sodass jeder in Summe etwa ein Stück Schokolade probieren darf. Das dürfen auch die meisten Diabetiker.
- Richten Sie Teller mit den Schokoladensorten an und reichen Sie sie herum, sodass jeder von jeder Sorte ein Stückchen bekommt.
- Legen Sie die Verpackungen der Schokoladen auf den Tisch. Lassen Sie die Sorten probieren und den Packungen zuordnen.

Dicke Milch

Elisabeth hat die Ferien bei ihrer Tante auf dem Bauernhof verbracht. Dort war alles anders als in der Stadt.

„Stellt euch vor, ich habe ein Kälbchen gestreichelt! Und ich durfte mit der großen Axt Holz hacken. Und ...“, Elisabeth weiß nicht, was sie als Erstes erzählen soll. „Und ich habe etwas Leckeres gegessen. Dicke Milch mit Zucker und Kamel.“

„Kamel?“ Ihre Mutter sieht sie ungläubig an. „Das kann ich nicht glauben, dass Tante Martha Kamelfleisch hat.“

„Doch kein Fleisch, Mama. Kamel ist braunes Pulver. Das sieht so aus wie das, was du Weihnachten für die Plätzchen nimmst“, erklärt Elisabeth.

Ihre Mutter lacht. „Ach, du meinst Kaneel, das ist ein anderes Wort für Zimt.“

„Das ist doch egal. Das war so lecker, das müssen wir auch machen“, findet Elisabeth. „Es ist ganz einfach. Ich kann das kochen.“

„Na, schau mal an, da kommt unsere Kleine als Köchin zurück“, spottet ihr Vater.

Elisabeth wird wütend. Sie kann es nicht leiden, wenn ihr Vater sie Kleine nennt. Sie ist doch schon zehn Jahre alt. „Ich zeige euch das!“

Als sie zu Hause ankommen, schaut sie in den Kühlschrank. In einer Kanne steht Milch in einem Plastikschlauch. Das war in den Ferien anders. Bei Tante Martha und Onkel Hermann gab es immer Milch direkt aus dem Stall. Anfangs fand Elisabeth das ein bisschen ekelig, nachdem sie gesehen hatte, wie die Milch aus dem Euter der Kuh kam. Aber dann hat sie sich daran gewöhnt.

Schnell packt Elisabeth ihren Koffer aus. Danach schleicht sie sich in die Küche, während ihre Eltern die Sportschau ansehen. Sie nimmt eine große Schüssel und gießt Milch hinein. Die Schüssel stellt sie auf das Fenster-

brett vor ihrem Zimmer. Die Milch muss nämlich einen Tag lang stehen. Das hat ihr Tante Martha eingeschärft. In einem Tag wird sie ihren Eltern zeigen, was sie gelernt hat.

Am nächsten Abend sitzen die Eltern am Esstisch und warten auf Elisabeth. Geheimnisvoll stellt diese ein Schälchen mit Zucker und Zimt auf den Tisch und verschwindet in ihrem Zimmer. Stolz trägt sie die Schale mit der Milch ins Esszimmer.
„Was ist das denn?“, fragen Vater und Mutter gleichzeitig.
Die Antwort „Dicke Milch“ bleibt Elisabeth im Hals stecken. Die Milch sieht ganz anders aus als bei Tante Martha. Und dann schwimmt auch noch eine dicke Fliege darin.
„Ich wollte doch dicke Milch machen“, schluchzt Elisabeth. „Aber die olle Fliege!“
Die Mutter sieht Elisabeth mitleidig an. „Das ist nicht nur die Schuld der Fliege. Aber mit unserer Milch kann man nicht so leicht dicke Milch machen. Die Milch ist bearbeitet, damit sie nicht so schnell schlecht wird.“
Elisabeth muntert das nicht auf. „Ich habe mich so gefreut.“
„Am nächsten Samstag holen wir Milch auf dem Bauernhof“, verspricht der Vater. „Damit kannst du dann dicke Milch mit Kamel machen.“
Bei dem Gedanken an das Kamel muss Elisabeth doch wieder lachen. Und am nächsten Sonntag wird sie den Eltern schon zeigen, dass sie dicke Milch machen kann. Dann muss sie die Schale auch nicht ins Freie stellen, wo olle, dicke Fliegen vorbeikommen.

Aktivierungen zur Sinnesgeschichte

Lassen Sie erzählen …

✿ Wie und wo haben Sie die Ferien als Kind verbracht?
(z. B. bei Verwandten auf dem Land, zu Hause, im Urlaub mit den Eltern)

✿ Welches war Ihre erste Reise?
- Wohin führte sie?
- Mit wem waren Sie unterwegs?
- Was haben Sie erlebt?
- Welche Erinnerungsstücke haben Sie mitgebracht?

✿ Welche Erfahrungen haben Sie mit dem Leben auf dem Bauernhof?
- Sind Sie dort aufgewachsen?
- Haben Sie dort Ferien gemacht?
- Haben Sie auf einem Bauernhof gearbeitet?
- Was hat Sie am Bauernhof besonders fasziniert?
  (z. B. die Tiere, die Geräte und Maschinen, die Nähe zur Natur, zu erleben, wo Lebensmittel ihren Ursprung haben)

✿ Welches ist Ihr liebstes Milchprodukt?
(z. B. Trinkmilch oder Buttermilch, Butter, Joghurt, Dickmilch, Käse)

Gutes vom Land

Besorgen Sie Milchprodukte: entweder verschiedene Geschmacksrichtungen einer Zubereitungsart, z. B. Trinkmilch, Buttermilch, Kakao bzw. Joghurt, Dickmilch, Kefir, oder allgemein verschiedene Milchprodukte, Schälchen bzw. kleine Gläser für jede Sorte und jeden Zuhörer, Löffel für jeden.

Alternativ bieten Sie Trinkschokolade an: Sie brauchen für 6 Portionen 500 ml Milch, 100 ml Sahne, 100 g Schokolade oder Kuvertüre sowie ein Glas für jeden.

Vorab sollten Sie Unverträglichkeiten und Allergien der Zuhörer ausschließen.

Variante 1

- Befüllen Sie Gläser bzw. Schälchen mit den Kostproben.
- Bitten Sie die Zuhörer, die Kostproben einzeln zu probieren und Tipps abzugeben, worum es sich handelt und woran es sie erinnert.

Variante 2

- Schneiden Sie Schokolade oder Kuvertüre klein und schmelzen Sie diese bei niedriger Hitze in der Sahne im Topf.
- Sobald die Schokoladensahne flüssig ist, wird die Milch erhitzt. Am besten mischen Sie Milch und Schokoladensahne erst im Glas. So können die Zuhörer beobachten, wie sich beim Umrühren beide Flüssigkeiten vermischen.
- Wer mag, bekommt den Schokoladentrunk mit einer Prise Zimt serviert.

Streuselpfannkuchen

Leonhard hat seinem Enkel Nino versprochen, bei seinem nächsten Besuch mit ihm Pfannkuchen zu backen. Genau solch einen, wie sie ihn auf der Kirmes gegessen haben. Mit Schokostreuseln. Der war lecker.
„Ich helfe dir, Opa“, erklärt Nino, der nur mit Mühe auf die Anrichte schauen kann.
„Na gut, du kannst mir die Zutaten geben und ich mache den Teig“, schlägt Leonhard vor. „Ohne Brille kann ich sowieso nicht richtig lesen, da bist du mir eine große Hilfe.“
Nino ist stolz, dass er helfen kann. Er ist zwar noch nicht so gut im Lesen, aber auf dem Zettel stehen ja nur ein paar Wörter.
„Zwei Eier“, liest Nino, reicht dem Großvater die Eier und sieht zu, wie Leonhard die Eier in die Schüssel schlägt.
„Ein Teelöffel Zucker“, sagt Nino als Nächstes. Nino kramt im Vorratsschrank. Eine Tüte Zucker findet er nicht. Da sind nur Gläser mit Pulvern und Körnern. Naja, wie Zucker aussieht, weiß er von Papas Kaffee. Kleine, weiße Körnchen genau wie in dem Glas, das er nun Leonhard reicht.
Ein Teelöffel davon wandert in den Teig.
„Zwei Tassen Milch“, verkündet Nino als Nächstes und hält dem Großvater die Milchpackung und den Löffel hin.
„Und zwei Tassen Mehl“, sagt Nino.
„Toll hast du das gemacht“, findet Leonhard und rührt den Teig.

Das Fett in der Pfanne brutzelt schon. Leonhard gießt den Teig für den ersten Pfannkuchen in die Pfanne. Nachdem die Eimasse gestockt ist, verteilt er Schokostreusel darauf und wartet, bis sie leicht geschmolzen ist.
„Guten Appetit!“, sagt er und stellt Nino den Teller mit dem Pfannkuchen hin. „Na, wie schmeckt er?“
„Äh, komisch“, meint Nino. „Ganz anders als auf der Kirmes.“
„Das kann doch nicht sein“, sagt Leonhard. Er hat alles genauso gemacht, wie die Pfann-

kuchenbäckerin ihm gesagt hat. Er schneidet ein Stück vom Pfannkuchen ab.
„Uh! Das schmeckt wirklich komisch." Nun probiert er ein Stückchen von dem Eierkuchen ohne Streusel.
„Ich glaube, wir haben Zucker und Salz verwechselt", stellt er fest. „In einen süßen Pfannkuchen kommt Zucker und in einen herzhaften Salz."
Das leuchtet Nino ein und er weiß auch, dass er den Fehler gemacht hat. Tapfer essen beide trotzdem den süß-salzigen Schokopfannkuchen auf.

Für den zweiten Pfannkuchen holt Leonhard jedoch geriebenen Käse aus dem Kühlschrank und streut diesen statt der Schokolade in die Eimasse.
„Mmh, das ist lecker", findet Nino. „Das ist ab jetzt mein Lieblingspfannkuchen."

Aktivierungen zur Sinnesgeschichte

Lassen Sie erzählen ...

- Haben Sie einmal mit Ihrem Großvater oder Ihrer Großmutter bzw. Ihrem Enkelkind gekocht?
  - Was haben Sie gekocht?
  - Wie hat es geschmeckt?

- Wie essen Sie Pfannkuchen am liebsten?
  (z. B. süß mit Marmelade, Obst oder Rübenkraut oder salzig mit Käse, Schinken oder Gemüse)
- Wie wurden in Ihrer Familie Pfannkuchen zubereitet?
- Wofür wurden in Ihrer Familie Schokoladenstreusel verwendet?
  (z. B. Pfannkuchen, Kuchen, mit Butter auf Brot, in Joghurt)

Süß-salzige Verkostung

Passend ist eine Verkostung mit süßen und herzhaften Pfannkuchen.
Alternativ können Sie Salzstangen und Schokogebäckstangen anbieten.
Vorab sollten Sie Unverträglichkeiten und Allergien der Zuhörer ausschließen.

- Die Zuhörer kosten mit verbundenen oder geschlossenen Augen von den Pfannkuchen und bestimmen, ob es süße oder herzhafte Kostproben sind.
- Alternativ setzen Sie dies mit Salzstangen und Schokogebäckstangen um.

Produktempfehlung

Duftgeschichten für Senioren

Birgit Ebbert, Steffi Klöpper
96 S., 21 x 22 cm, Paperback, vierfarbig
14,99 € (D)/15,40 € (A)
ISBN 978-3-8346-3083-4

Düfte wecken Erinnerungen – und auch bei Menschen mit Demenz kann schon ein Hauch eines bekannten Dufts ganze Erinnerungswelten zum Leben erwecken. Diese 16 Vorlesegeschichten verbinden schöne, fiktive (Alltags-)Erzählungen mit verschiedenen Gerüchen. Jede 3-Minuten-Geschichte wird durch Anregungen zur Sinnesaktivierung und Rezepten aus der Aromapflege ergänzt. Eine kompakte Einführung in die Aromapflege sowie eine Übersicht mit allen Erzählungen und den zugehörigen Düften erleichtern Ihnen Auswahl und Umsetzung der Ideen. Ob Sie einen Zapfen mit Fichtennadelöl beträufeln und die Geschichte vom Waldspaziergang vorlesen oder eine Duftlampe Lavendelduft verströmen lassen und die Erzählung vom Waschtag vorlesen: Mit den Geschichten und Rezeptideen schenken Sie den Senioren schöne Dufterlebnisse. Probieren Sie es aus!